合理性を捨てれば人生が楽になる

マインドチェンジに成功した6つの話

エレノア・ゴードン＝スミス＝著
高橋昌一郎＝監訳　喜多直子＝訳

NEWTON PRESS

First published in Australia by NewSouth, an imprint of UNSW Press.
Japanese translation published by arrangement with University of New South Wales Press, Ltd.
c/o The Science Factory Limited through The English Agency (Japan) Ltd.

Cover image Digital Storm, Bigstock

合理性を捨てれば人生が楽になる

クレア，マイケル，マリー，ジャッキー，ブラッシュ，
そしていつも私たちが正しかったあの頃の輝きに捧げる。

第４章と第５章には性的な描写が含まれます。

序章

すべてが
プロテイン・パウダーで，
痛みなどなかった

カリフォルニア州の最先端工業地帯。そこでソフトウェアよりも精巧につくり込まれたものといえば，人間——あるいは入念に手入れされた白い歯——をおいてほかにありません。そんな地域のとある場所に，「応用合理性センター」を名乗る団体が本拠を構え，論理的思考を学べる四日間の講習会をたった3900ドルで提供しています。参加者はセンターの建物（さぞかし合理的に設計されていることでしょう）で寝食をともにし，一日みっちり9時間のアクティビティに取り組みます。今年も例年通り，数百人の参加申し込みがありました。講習会の参加希望者はみな，口を揃えてこう言います。「私のまわりは不合理な人たちばかりで。それを何とか正してやりたいんです」

まるでコントのオチですね。あまりの不合理さに笑ってしまいます。でも，そんな私たちだって，誰かを説得しようとするときには，似たような過ちを犯してしまいがちです。自分なら合理的に考えを変えられるのに，どうしてほかの人にはそれができないのだろうと，ひとり首をかしげるのです。理想的な意識改革（マインドチェンジ）は静かに起こるもの。論理的な議論をきっかけとして，自我やまわりの人々ではなく，事実そのものに反応します。感情の波に流されることもありません。「公共圏」［訳注：人々が「共通の関心事」について対等に語り合い，世論を形成していくコミュニケーション空間］という概念がよく話題にのぼりますが，もしもそのような空間が実在するのなら，外壁にはそんな理想像が映し出されるはずです。世界には現在，意見が対立するグループに劇的な意識改革が起こるような討論番組が，はたしてどれだけ存在しているでしょう。BBC（イギリス放送協会）の番組『クエスチョン・タイム』は，「時事的な討論」を謳っています。ABC（オーストラリア放送協会）は，ラジオ番組『ビッグ・アイデアズ』で「幅広い話題や意見」を取り上げ，テレビ番組『Q＋A』では「民主主義の冒険」を掲げています。これらのブランド的イメージ戦略には，多少の箔《はく》をつけるという狙いも織り込まれています。「危険思想会議［訳注：死，政治腐敗，消えた国家など，ディープなテーマについて考察するイベント。毎年オーストラリアのシドニーで開催されている］に参加した俺って勇気あるよな」とか，「インテリジェンス・スクエアード［訳注：ロンドンに本部を置き，さまざまな媒体でディベートや文化的イベントを提案し配信するメディア企業］の討論プログラムをサブスク（定額利用）してる私ってインテリだわ」などと思えるのです。少なくともくだんの理想に従えば，論理的思考のための最善の方法は，エゴと感情を捨て，滅菌された「議論の手術室」に足を踏み入れること。空調機の通気口も密閉されたその場所には，日常に舞うほこりが入り込むすきもなく，滅菌された真実が汚染される心配もありません。

数年前までは，私もそんなふうに考えていました。その理由を打ち明ければ，私からランチ代を巻き上げるくらいちょろいもんだと思うはず。でも，ここは正直にお話ししましょう。私は学生時代，ディベート大会のチャンピオンでした。週末になるとブレザーをはおり，ここぞというタイミングで相手の間違いを指摘することに情熱を傾けていたのです。私とチームメイトは，週に20時間かけて議論を組み立てていました。相手が自尊心のすべてを賭けて提示した論拠に，まばたき一つせずしっかりと照準を合わせます。私たちのチームは順調に勝利を重ね，ついにはカタールで開催された世界高校生ディベート大会への出場を決めました。オーストラリアの国章が金色で刺繍されたブレザーをまとい，国際大会の舞台に臨んだのです。思い返せば，あのときの光景はまるで，世界の終末を描いた映画の滅亡が始まる直前のワンシーンのようでした。チームで揃えたユニフォームに身を包み，何台も連なる白いバスに乗り込んで，砂ぼこりでかすむ砂漠を会場へと向かいます。そして，密閉された空間で約1時間，ストップウォッチを握る役員たちに囲まれて，身動きもできずにじっと座っているのです。私がディベートを通して身につけたのは，ユークリッド幾何学なみに完璧な説得術でした。相手の論拠を突き，間違っている理由を示します。証拠を支柱として分析を補強するのです。感情はただの装飾で，何の役割も期待してはいけません。もちろん，相手の感情や自意識に訴えて考えを変えられる「可能性」も理解してはいましたが，それはどこか卑怯なやり口のように感じていました。討議だけを武器に真っ向勝負することが，気高いスポーツマンシップというものなのだと。ディベートの舞台はさしずめ夜明けの決闘のようなもの。それが戦いの「あるべき姿」だと，私は考えていたのです。

そんな考えに変化が訪れたのは2016年，アメリカのラジオ番組『これがアメリカン・ライフだ』（1995～）で特集の制作を担当したときのことでした。企画としては単純なものでした。街ゆく女性にヒューヒューと口笛を吹いたり，性的な言葉を投げかけたりする男性，つまりは私をナンパしてきた男の人に向き直り，二度とそんなことをしないよう説得するのです。私はありとあらゆる論理を持ち出し，さまざまな事実や根拠を並べては，あの手この手で何時間も説得にあたりました。でも，何十回と肩を落として退散するのは私の方。「ナンパの達人」たちはというと，街ゆく女性をつかまえて，大声で冷やかしたり，お尻を追いかけ回したりしても何ら問題はないのだと，いよいよ胸を張って立ち去るのでした。

私が話をした男性たちは，根っから不合理だったわけでも，浮世離れしていたわけでもありません。おかしな話ですが，むしろこちらが好感を持った人もいたくらいです。ある男性は，ナンパは動物の求愛儀式と同じなのだと話してくれました。「俺はド派手な羽を見せつけてメスを誘うオスのクジャクさ」と，まるでそれが完璧な説明だと言わんばかりに，得意満面で言うのです。私はおかしくて思わず笑ってしまいました。しかし，私には彼らの考えを変えることができませんでした。正直，へこみました。人として，女性として，そして何より，議論がよりよい考えへ導いてくれると信じていた者として。私たちが収録を終えたのは2016年11月，アメリカ大統領選挙直後のことで，合理的な議論や説得に対して悲観的な感情が溢れ出していた頃でした［訳注：共和党のドナルド・トランプと民主党のヒラリー・クリントンが争い，トランプが勝利した］。

ところが，特集が放送されるや，奇妙な現象が起こりました。私のもとにインタビューの依頼が殺到したのです。『人の考えを変える10のステップ』という本を書きませんか？　公共の場で合理的な説得に成功したことを表彰したいのですが？　職場でハラスメントをやめるよう説得するときのアドバイスをいただけませんか？――私は心底驚きました。大勢のリスナーが，私が意気消沈して戦線離脱したあの会話を聞き，なぜか説得が成功したと思ったようなのです。その理由としては，私と男性の言葉のキャッチボールに，人々が意識改革の理想を重ねたことが考えられます。たしかに，私が発言すれば男性もそれに反論するといった具合に，互いに自分が正しいと考える理由を伝えようとしていました。私は終始冷静に話しましたし，彼らも私の言葉に耳を傾けてくれました。おまけに私は統計データまで持ち出してもいました。そんなやり取りが，あたかも論理的なディベートであるかのように聞こえたのでしょう。そして，意識改革のアプローチがうまくいかなかったというネガティブな事実は，挑戦しただけで称賛に値するというポジティブな思い込みにかき消されたのです。何か匂うと私は思い始めていました。それも，下水道に住み着いたとびきり大きいドブネズミくらいの強烈な匂いです。

巷《ちまた》には，論理的な議論こそが説得の方策だとか，「正しい」意識改革とは己を捨てた思考の格闘技だ，などといった思想が溢れています。しかし，そんな理想の実現に囚われるあまり，それが本当に追い求めたいものかどうか，冷静に判断できなくなったとしたら？

説得の在り方について私の考えが変わったもう一つの理由は，哲学という学問の世界に身を置いたことでした。哲学の扉を開いた瞬間，論理とは何か，論理は自分に何を求めるのかなど，答えの出ていない問いが山ほどあることに気づかされます。そもそも論理が何なのかもわかっていないのに，論理的なディベートの重要性に執着するなど願うべくもありません。そんなこと簡単じゃないか，と思うかもしれませんね。論理的というのは単に，証拠に応じて物事を信じることなのだから，と。いの一番にそう考えたあなたは，不思議の国へ迷い込んだアリスのように，矛盾の迷宮へと転がり落ちることになるのです。

では，証拠とは何でしょう。知覚は証拠になるのでしょうか。共感などの感情は？　感情が証拠にならないなら，どうして他人の苦しみがわかるのでしょう。何かを確信するには，どれだけの証拠が必要？　事柄の内容によって，必要となる証拠の量は変わる？　変わるのだとすれば，その基準は？　過ちの代償など，信じるべき事柄に影響するものはほかにある？　「何を信じる『べき』か」と問うとき，それは何の「義務」を意味する？　私たちが求めているのは真実？　それとも道徳観？　あるいは，どちらも行きつくところは同じ？　数学や科学の真実と道徳や対人関係の真実では，信じる基準に違いがある？　同等の知的レベルで同等の証拠を保有する誰かが，自分とは別の答えを信じているらしいと知ったとき，自分はどのように対応すればよい？　自分の考えを見直すべき？　では，その理由は？

すべての疑問の根底には，さらに大きな問題が潜んでいます。それは，「何かを知り得るときは来るのか」という問いです。デカルトが「知り得ることは何か」を検討する何千年も前に，ギリシアの哲学者セクストス・エンペイリコスが，「何も知り得ない」という答えを出し，懐疑主義を確立しました。そのおぞましい思想に直面した人々は，これは『マトリックス』[訳注：コンピュータが支配する仮想現実世界を描いた1999年のアメリカ映画]の世界観が真実か否かを問うくだらない思考実験なのだと自らに言い聞かせ，耐え難い不安から逃れようとします。しかし，哲学者のスタンリー・カヴェルは，その不安に正面から取り組みました。長年にわたって懐疑主義の難題と対峙したカヴェルの著作には，熱烈な読者を心酔させる魔力があります。アメリカ東海岸の二大大学図書館の貸出し棚には，長らくカヴェルの本が陳列されませんでした。学生に貸し出したが最後，いつまでたっても返却されないからです。カヴェルは著書で，「どうすれば『やめる』ことができるのか」と問うています。「どうすれば学ぶことができるのだろう。私たちに必要なのは，より多くを知ることではなく，知ることをやめる意志なのだと」

何を，いつ，なぜ信じるべきかという問いについては，各時代の優れた学者たちが数千年にわたって議論を重ねてきましたが，いまだに誰も納得のいく答えにたどり着いていません。ピッツバーグ大学教授で哲学者のジョン・マクダウェルが，名著『心と世界』を出版したのは，哲学の時間尺度で言えばつい最近のことです。数あるテーマの中でもとくに「合理性とは何か」について考察しています。マサチューセッツ工科大学で教鞭をとったのち，ラトガーズ大学教授となったジェリー・フォーダーは，書評で「私たちは，分別のある説明に間もなく手が届こうかというところまで来ている」と述べています。

私には詩的センスも豊かな語彙力もないので，フォーダーのようにうまく言い表すことができません。しかし，「合理性」の概念が，その歴史も複雑性も理解されないまま，あまりにもぞんざいに拡散されていることに，髪を掻きむしりたくなるようないら立ちを感じています。「合理性のプロ」を気取った専門家たちが，証明されてもいない空論を基礎事実として，「論理的であること」についてあれやこれやと好き勝手に主張しているのです。

どうやら人々は，「合理的」とは単に「感情的でないこと」だと考えているようです。グレンフェル・タワーの火災[訳注：2017年にロンドンの高層住宅で発生した大火災。イギリスで戦後最多となる70人の死者を出した]

のあと，朝のニュース番組『グッド・モーニング・ブリテン』に出演したマイケル・ゴーヴ下院議員は，まるで砂糖を摂りすぎた子どもを注意するかのような口調で話しました。「『落ち着いて』対処しさえすれば，被災者を最優先できる」と，アンカーのピアーズ・モーガン相手に持論を展開しました。「感情で理性が曇ってしまうのも理解できるが，それでは誰も助からない……。だからピアーズさん，あなたにもこの状況を『冷静に』見る責任がある」。2014年にシドニーのオペラハウスで予定されていたあるイベントでは，世界規模のカリフ制イスラム国樹立を呼びかける団体の代表，ウスマン・バダーが講演者として招かれていました。バダーは何千人もの聴衆の前で，「名誉殺人」［訳注：中東や南アジアで強姦《ごうかん》を含む婚前・婚外交渉を行った女性を「一家の名誉を汚した」として親族の男性が殺害する風習］を正当化する演説を行おうとしていました。バダーは主催者側に「名誉殺人」を「論理的に説明する」と伝えていたと言います。しかし，世間の人々の猛反発を受け，バダーの講演は中止されました。主催者側はその経緯について，バダーが「冷静かつ控えめで明快に礼儀正しく発言する」という事実を「ベース」に講演を依頼したと釈明。それだけでバダーが合理的な人物と証明されたような口ぶりでした。

人々はまた，合理性は重大な道徳の問題の前に沈黙するとも考えているようです。私が大学で教える「倫理学101」の受講生たちは，学期が始まってから数週間，「誰しも自分の意見を言う権利がある」と呪文のように唱え続けます。まるで，モラルジレンマの問題は論理の管轄外だとでも言うように。

また，「合理的である」とは，単に目標に合わせて行動することだと考える人もいます。「もっとお金を貯めたい？　それなら役に立つアプリがあるよ」「もっとエクササイズがしたい？　それならおすすめの朝のルーティンがあるよ」といった具合に，「合理的な消費者」の経済モデルに根差した行動です。バイク収集のかたわら，「信念」をテーマに執筆活動を行う陽気な哲学者で，ノースカロライナ大学チャペルヒル校教授のジェフリー・セイヤー＝マッコードは，プリンストン大学で開かれた「信念の倫理」の研究会で，「合理性」という概念がいかにいい加減なものかを示すエピソードを披露しました。友人の経済学者が，とある学会で基調演説を行ったときのこと。彼は「合理性」が目標と行動のあいだの過程をコントロールすると訴えたものの，追求すべき「具体的な」目標については語りませんでした。数時間後，パブに現れたその経済学者は，彼の十代の息子が「具体的な」目標を一向に決めないのだと愚痴り始めました。「あいつときたら，ドラムを叩いているか，仲間と車を乗り回しているだけだ！　勉強もせず，将来のことも考えちゃいない。『なんて』不合理なやつだ！」

もっとひどいのは，性的暴行の公表が「正当である」ためには，「証拠が揃うのを待つ」のが必須であるかのように扱われることです。女性が自ら名乗り出ても，「疑わしきは罰せず！」とか「証拠が出るのを待つべきだ！」という声が，冷や水のごとく浴びせられるのです。そもそも，被害者の証言以外にどんな確たる「証拠」があるというのでしょう。ほかの犯罪行為では，証言と蓋然性の高さに基づいて「あいつがやった」と判断するのが妥当とされるのに，どうして性的暴行に限ってそうはならないのでしょうか。

つまり，私が言いたいのはこういうことです。人は手っ取り早く論理的になりたいがために，豊かな哲学の系譜や複雑な心の働きから，「合理性」という概念をつい切り離して考えてしまいます。そして，公共の論議の支柱であるはずの「論理的である」という概念はもはや，真実に立ち返ったり，互いに歩み寄ったりするにはほとんど役に立たず，3900ドルの講習会や，麻酔で眠らされて見る最適化された未来の夢［訳注：映画『マトリックス』にはAIがつくり出す仮想現実を現実として生きる人々の姿が描かれている］へ誘惑されるのです。すべてがプロテイン・パウダーで，痛みなどなかった世界へと［訳注：カート・ヴォネガット・ジュニアの小説『スローターハウス5』の主人公の墓碑銘「すべてが美しく，痛みなどなかった」に掛けた言葉。この主人公はモルヒネの副作用で逝去した。一方，プロテイン・パウダーはアメリカの代表的なダイエット食品。モルヒネの影響下で「すべてが美しく」見えるように，プロテイン・パウダーを飲んでいる人々は，それだけで自分がダイエットに成功していると信じ込む姿を皮肉っている］。

不思議なのは，すでに多くの人が「合理的な討論」の在り方に疑念を抱いていることです。みなさんはテレビの討論番組で，一方の意見を支持する人が対立する人たちに向かって，「なるほど，それはたしかにすごくいい指摘ですね」などと発言する場面を何度も見たことがあるでしょう。また，これまで「あなた自身」が自分にとって切実な事柄について考えを変えたことがあるのなら，それは合理的な議論の結果でしたか？　それとも，そこに至るまでの経緯は，自覚していなかった不満に気づいたときや，既存の事実が突然腑に落ちた瞬間のように，捉えどころのない複雑なものだったでしょうか。重要な事柄について考えを変えることが非常に難しいのは，多くの人がとうの昔からわかっています。自分の行動は正しかったのか，言われたことをそのまま信じるべきなのか，自分は恋をしているのか――そんな切実な問題は，どんな完璧な議論でも太刀打ちできないほど混沌《こんとん》としています。そうした空間は，討論ではありません。混乱し，傷つき，さまざまな問題を背負った人たちのあいだに訪れる瞬間であり，私たちが発する言葉は，心の古傷や隠れた恐怖心，凝り固まった信念が互いに絡み合う空間の中で，鮮明に浮かび上がっては，すぐに見えなくなるのです。

そのような空間では，論理や理屈が思うように機能せず，言語もまったくその役割を果たしません。かつて言葉が整然と隊列を組み，考えや主張を表現してくれていたその場所に，突如ならず者の傭兵《ようへい》部隊が陣取って，理解も弁解もできないほどのダメージを与えます。その空間でいくら「ごめんなさい」と正しく発語しても，他人の耳には「そんなに過剰反応しなくてもいいのに」とか，「私には正当な理由があったのに」などといったニュアンスで届きます。あなたが発した小さな「ごめんなさい」は，わけもなく，罵りと侮辱にまみれた怪物の言葉のように聞こえてしまうのです。ウィトゲンシュタイン［訳注：言語と事実との関係を追求することで思考を明晰《めいせき》化しようとした20世紀のオーストリア人哲学者］が，「ライオンがしゃべることができたとしても，私たちには彼らの話していることが理解できないだろう」と語っていますが，私はときどき，それはライオンに限られたことではないと感じるのです。

しかし，私たちはなぜ，考えを変えることが人間の存在そのものと同じくらい複雑で，難解で，やっかいなことだとわかっていながら，合理的な討論が最善の策だと信じているのでしょう。私たちはなぜ，合理性の理想に自分を当てはめようとするばかりで，その逆を試そうとしないのでしょう。私たちはなぜ，自分が最も苦労した意識改革の経験データから，人間がどのように考えを「変えるか」という心理学的な問いに答えようとするのでしょう。本当なら，どう「変えるべきか」という哲学的な問いの出発点になるはずなのに。

私は，上に挙げた二つ目の問いに対する世間の答えが，間違っているばかりでなく，すべての人に負の影響を及ぼしているように思うのです。本書では，その理由を明らかにできればと考えています。みなさんがここで出会うのは，押し潰されそうな圧力の下で，意識改革に成功した人たちの実話です。その物語の主人公の多くが，本書のために初めて自らの体験を語ってくれました。

衝撃の事実が明らかになる物語もあります。スージーという女性は，夫が12才の頃から重ねてきたとんでもない嘘を知り，自分と幼い子どもの身に降りかかる危険を恐れるようになります。ピーターという男性は，病身の母親に届いたある人物からの手紙を読み，母親の別の顔を知ることになります。終末思想の新興宗教団体の中で成長したディランは，20年以上も信者として過ごしたのちに脱退を決意します。また，信念の崩壊の物語もあります。イギリスの上流階級の紳士アレックスは，出演していたリアリティ番組の終了とともに，自己認識の揺らぎを経験します。番組でロンドンの用心棒として訓練を受けたアレックスは，二つのアイデンティティのうち，どちらが偽りの自分なのかわからなくなってしまうのです。また，6才のときに母親から虐待を受けたと信じ込んでいた元海軍パイロットのニコルは，そのような事実がなかったことを示す当時の記録を目にして，その後何年も混乱し，苦しみます。

彼らは，論理的に考える「べき」とする常識を覆す意識改革をやってのけました。それらは決して一貫した物語ではありません。彼らは，合理性のススメを訴える専門家が排除したがるようなもの，つまり，自我，助言，感性，不確実性の代償，そして，自分が信じる（ものではなく）人や愛する人から受ける影響に身を任せました。彼らの物語は，そんな意識改革も合理的になり得るのだと，鮮烈に伝えてくれます。

私がこれらの実話を紹介する理由の一つは，私たちが非常に困難な意識改革を迫られたとき，彼らの経験が指針となってくれるのではないかと思うからです。主人公とまったく同じ状況を経験する人はほとんどいないでしょうが，多くの人が同じような方法で大切な人の考えを変えようとするでしょう。また，主人公が向き合わねばならなかった問いに直面するかもしれません。

「もしも自分が間違っていたとしたら？　もしもこの信念を失くしてしまったら？　私は何を考えるべきなのか？」と。意識改革の只中でなければ，その難しさを簡単に忘れてしまいます。昔の私はとても信心深い人間で，麻薬密輸の罪に問われたグエン・トゥオン・ヴァン［訳注：2002年にシンガポールで逮捕されたベトナム系オーストラリア人。オーストラリアが減刑嘆願を行っていたが，シンガポール政府がそれを却下した］の死刑執行の日には，学校で祈りを捧げました。あのとき，じゅうたんに押しつけたむき出しの膝に感じた痛みは，今でも忘れられません。そして，膝の感覚と同じくらい鮮明に，どんな合理的な議論によっても私の考えは変えられないと確信していたことも覚えています。しかし，私はある日，今の自分が昔のような信心深さを失っていることに気づきました。また，私はかつて，私がほかの男性と話すだけでものに当たり散らすような人と付き合っていて，考えを変えてくれる詭弁があるなら，足の指2本と片方の眼球くらい差し出してもいいと思っていました。しかし今では，そんなものが存在するなんて思いません。根本的な信念を根こそぎ引っこ抜き，ふり落とした自我という名の土の塊を処理する作業は，こぎれいな議論ではとても太刀打ちできないほどやっかいなものです。そんなやっかいをも受け止める合理性の理想が見つかれば，最も重要な局面で自分の（そして他者の）考えをより簡単に変えられるのかもしれません。

実話を紹介するもう一つの理由は，理想とする合理的な説得が間違っているなら，それを基盤とする論議の構築を直ちにやめるべきだからです。何かについて考えるだけでそれに同調しがちな人々の傾向を熟知しながら，公共の電波で大量の意見を垂れ流しているのは，合理的な討論の力に絶大な信頼を置いているからにほかなりません。番組プロデューサーやイベント主催者，あるいは新聞社が，人種差別主義者，性差別主義者，科学否定論者らに「挑む」ため，彼らに出演を依頼したり，話題を取り上げたりしますが，その挑戦を成功させるために説得方法を吟味したり，そうした思想を長年研究する専門家にアドバイスを求めたりすることはありません。さまざまな危険を冒してまで彼らに発言の機会を与えるのは，「自分なら」彼らを説得できるという自信があるからです。「まわりの不合理な人たちを自分が正してやるのだ」と。

私が最大の悲劇だと思うのは，錆びついた説得の概念に固執するあまり，厳格な討論を基盤とする論議が広く定着したことです。今や「本音」に基づいた説得の戦略といえば，中古車のセールストークくらいのものでしょう。純粋な顧客の購買意欲を刺激したり，意思決定を促したりすることを最大の目標とする宣伝部の重役や弁護士，そして中古車販売員たちの戦略です。人間であるというやっかいな現実を主戦場とする人たちにとっては，それが最適な戦略であるかのように思われます。しかし，真実，啓発，論理，進歩を最大の目標とする人たちにとっては，現実のカオスなどまったく意味のないやっかいなものでしかありません。過度な感情や会話，他人との関わりは，いずれも意識改革の望ましい基盤にはならない──少なくとも，私たちはそう教えられます。

合理的な論議を信奉する者は，混乱や現実から距離を置くよう忠告されます。そして，世界や他者とのつながりは正しい議論にふさわしくないと考え，間違った議論を見つけるためのマニュアルを読み，討論番組にチャンネルを合わせては，虚しさに蓋をして律儀に耳を傾けるのです。優秀な説得者を自負する者たちは，そそり立つ詭弁の絶壁の上に悠然と腰かけています。論理的な議論しようと言い合っているその眼下では，ナチスやポリオウイルスが息を吹き返しても抵抗のすべが見つからず，海面がじりじりと上昇しているのです。

よりよい意識改革を求めているのは私だけ？　いいえ，世界がそれを欲しているのではないでしょうか──それも，今すぐに。

第1章

ブリトー，そして男と女

両性の結合においては，一方が強い力と意志を持ち，他方は少し抵抗すべきである。この原理さえお互いに理解できたら，女性は男性を大いに喜ばせることができるだろう。

——ジャン＝ジャック・ルソー

ルソーの言葉に寄せて。［女性は］生まれながらにして，当然のように，教育を受けられず，人形を与えられ，着飾り，おしゃべりをするように躾けられ，彼女たちは，まともに反論もできないほど貧弱な人間になってしまうのです。

——メアリ・ウルストンクラフト

舞台はシドニー中心部の街，キングス・クロスにあるメキシカンフード店。時刻は午後7時頃。登場人物は，むしゃくしゃした気分の私と，近くに居合わせた男性二人組です。一人はたしかマークという名前でしたが，もう一人は忘れてしまったので，ここでは「マーク2」と呼ぶことにしましょう。街頭でインタビューの収録をしていた私は，ようやく休憩に入ろうと，録音用マイクをテーブルに置きました。目の前にはチーズたっぷりのブリトー。私の腕の太さほどもあろうかという炭水化物の塊が，アルミホイルに包まれています。その夜の自分へのご褒美でした。

一瞬ためらってからかぶりついたそのとき，何とも間が悪いことに隣りの男性と目が合いました。

すると，一人目のマークが言いました。「俺のブリトーにもかぶりついてみるかい？」

私はちょうど，アメリカのラジオ番組『これがアメリカン・ライフだ』で放送する特番のため，街で女性をナンパする男性にインタビューをしているところでした。小学生の頃から，通りで女性に声をかける男性を見ては不思議に思っていたのです。初めて私に声をかけてきた男性は車に乗っていて，目の前の曲がり角でスピードを落として何やら叫びましたが，ドップラー効果でかき消されて聞き取れませんでした。しかし，キングス・クロスの路上で出会った男性の言葉や行動をまとめてみると，私には到底理解できないような性差別の意識と男子の願望が，奇妙な星座の星のように浮かび上がってきました。口笛と大声の野次《やじ》，また，野次とボディタッチには，はたして共通の動機があるのでしょうか。私は何週間もかけて，その答えを探し続けました。マイクと録音機を手に夜の街へ繰り出して，キングス・クロスの歓楽街を歩き回りました。空がネオンに染まり，側溝が吐しゃ物で舗装されているような地区です。私は通りで声をかけられるのを待ち，その時がくればすぐさま向き直って尋ねます。「何を期待して声をかけたの？」

すると，男性のほとんどが足を止めて，私の問いかけに答えてくれました。ストリップ・クラブの客引きをしているセバスチャンもその一人です。セバスチャンの仕事は，通りすがりの若い男性のグループを近くのストリップ・バーへ誘導することです。店へ案内された男性たちは，大枚をはたいていい席に陣取り，男性ホルモンではちきれんばかりのたくましい肉体を乗り出します。私が初めてセバスチャンの前を通りかかったとき，彼は胸を揉むようなジェスチャーをしました。そこで私は，そんな身振りを見て女性が喜ぶと思うのかと彼に尋ねました。すると彼は，今のガールフレンドとはナンパで出会ったのだと答えました。それじゃあ，その彼女とやらに本当かどうか確かめるから，あなたの電話を貸してちょうだいと頼んでみましたが，セバスチャンは電話をよこしませんでした。

イギリス人でバックパッカーのダンカンは，酒屋の表で友だちを待っているとき，ちょうど目の前を通りかかった私に口笛を吹きました。ダンカンは「人は見かけによらないよ！」と，自分が修士号を持っていることを熱心にアピールし，女性に口笛を吹くと，ときどき「あら，ありがとう」と返してくれるのだと語りました。また，明らかにクスリでぶっ飛んだ若者にも出会いました。ハンター・S・トンプソン［訳注：アメリカのジャーナリスト。ドラッグの個人使用の自由を訴えてコロラド州で保安官に立候補したことがある］なみにドラッグを大量摂取していて，あごが揺れて呂律《ろれつ》が回っていません。名前を尋ねましたが，不明瞭で録音できていませんでした。彼は私の問いかけに，そもそも女性に何と話しかけたらよいかわからないんだと，半べそで答えたのでした。

そして出会ったのが，二人のマークです。一人目のマークがブリトーに絡めた下ネタを口走ったわけですが，そのあとすぐに「僕らのことをひどい男だと思ってるんだろう？」と憂《うれ》いの色を浮かべました。「それなら僕らの上司に会ってほしいもんだ。ハンプティ・ダンプティみたいな体形なのに，自分のことを女性のために生まれてきた男だと思っているんだから。つい最近だって，僕が女の子といるところへやってくると，彼女の腰に手を回してこう言った。『ねえ，君。一緒にお茶でもどうだい？』彼女は笑い出して，触らないでくれとはっきり言ったよ。それでボスもはたと気が……ついちゃいないだろうな。ありゃ救いようのない頑固者だから」

私は二人のマークがインタビューに応じたことに驚きました。私の録音機は，録音中に赤い光が点灯するひどくいかめしいタイプのもので，話し手はまるで赤い目に監視されているように感じ，録音されていることを意識せずにはいられないのです。そう，汚職で出廷した市長を追いかけるタブロイド紙の記者が手に持っているアレです。だから，格好の取材相手を見つけても，アニメ映画『レミーのおいしいレストラン』でネズミが人間に見つかったときのように，インタビューの候補者たちが散り散りに逃げてしまうのではと警戒していました。そんなことが一度だけありました。ある男性が「フェミニストだ！」と叫んで，仲間を連れてその場から立ち去ったのです。しかし，実際には多くの男性が，番組で放送されるのならとインタビューに協力してくれました。「やったぞ！　インタビューされるなんて最高だ！」と有頂天になっている男性もいました。

私はまた，彼らがどうやらまともな人たちらしいことにも驚かされました。そもそも出会ったきっかけは，彼らの下品で騒々しい行為だったはずなのに，いざ話してみると紳士的で，気楽に会話を楽しむことができたのです。客引きのセバスチャンも然り。夜も更けてくると，彼はまるで私の過保護な父親のように振る舞いました。ある夜，泥酔した４人の男性グループが，インタビュー中に私にいちゃもんをつけ始め，壁ぎわに私を追い詰めてねめつけていました。すると，そこへセバスチャンがふらりとやってきました。４人組が彼の存在に気づくよう，至近距離まで近づいてきてくれたのです。また別の夜には，すっかり疲弊した私を気遣って，「君は本当によく頑張っているよ」と声をかけてもくれました。私はもっと多くの男性が，あの４人組のような反応をするものと覚悟していました。話しかけただけで，大迷惑を被ったと怒りをぶつけられるのだろうと。しかし，取材した大多数の人たちは，相手にしてくれないわけでも，不合理なわけでも，別の言語で話しているように話が通じないわけでもありませんでした。私はひそかに，「合理的な会話」の力をもってすれば，彼らの意識改革も不可能ではないぞと，期待に胸を膨らませました。

しかし，どうして女性に声をかけたり，口笛を吹いたりするのかと理由を尋ねたとたん，彼らは動機について矛盾した言い分を朗々と語り始めるのです。

「女性の気を引きたくてやってるのさ」

「反応が見たい，ただそれだけだよ」

「出会いを求めてるんだ！　会話のきっかけをつくり，相手の出方をうかがうのさ」

「正直，男に『動機』なんてものはない。ただの集団心理ってやつだよ」

数週間にわたって，街の女性に野次を飛ばす男性たちと会話を続けてきましたが，彼らのほとんどがこうした動機を次々と口にしました。そのフラストレーションたるや。人々の考えを理解できなければ，意識改革にはたどり着けません。

番組プロデューサーのニール・ドラミングとアイラ・グラスの助言もあり，私は別の角度から質問を投げかけてみることにしました。「声をかけられた女性が喜ぶかどうかは気になる？」と尋ねるのです。修士号のダンカンは，この問いに対して力強くうなずきました。酒屋から戻って合流した彼の友人にも話の経緯を説明すると，彼はこう言いました。「もちろんさ。ダンカンは女性をぞんざいに扱ったりしないよ」

別の夜には，独身さよならパーティーの花婿付添人に会いました。彼に同じ質問をしたところ，「100％イエスさ！　僕らはかわいい女性をからかいたいだけだし，女性の方もうれしいはずだろう」という答えが返ってきました。花婿付添人は，パーティーの参加者に「女性嫌悪《ミソジニー》の男のコスプレ」をさせようと，工事現場で着る反射ベストとヘルメットを注文したけれど，「そんなクソみたいな衣装は着ない」と断固拒否されたのだと言います（世界の建設会社が路上でセクハラ行為を働いた従業員に重い罰則を科すようになり，今ではそんなイメージも払拭されつつある）。女性嫌悪の「コスプレ」は免れた新郎でしたが，偽物の足かせをひきずりながら，私に「一緒にどう？」と声をかけてきました。そして，私が握ったマイクを舐め回すような何ともわかりやすいジェスチャーをして見せたのです。

それを見た介添人の彼が，「ほら，最高だろ！」と身をよじって笑いました。

セバスチャンに同じ質問をすると，語気を強めて言いました。「いいことさ！　女性に挨拶するのはいいことだ！」セバスチャンは，女性が歓迎しない行為をしないと証明する「性差別反対」バッジをちらつかせているかのようでした。「女性を殴ったり傷つけたりするやつを見たら黙っちゃいない」と彼は言います。「俺は女性を守る。それが紳士ってもんだ」

私の頭の中にある戦略はいたって単純なものでした。男性が「女性は男性に声をかけられるとうれしいものだ」と考える理由を特定し，私からはっきりと「うれしくない」と伝えるのです。

第一に彼らがそう考える根拠とは？　私が話を聞いた男性のほとんどが，女性に話しかけるか，体に触れるか，口笛を吹いたときの反応を引き合いに出しました。セバスチャンは，まるでそれが自然の摂理に裏打ちされた哲学の真理であるかのように，女性は「当然喜ぶはず」だと言いましたが，多くの男性は女性の反応に言及しました。

「笑顔が最大の証拠だ」と信じていたのが，ザックとマイクです。二人に出会ったのもブリトー店の前でした。いいえ，マークとマーク2がいたメキシコ料理店とは別の店です。そうです，私は取材期間中，やたらとブリトーを食べていたのです。二人が狭い路地で私の目の前を斜めに横切ろうとしたとき，ザックが私にキスがどうのと声をかけてきました。私が彼らのもとへ向かうと，ザックは私が手に握っていたマイクのふわふわの風よけに目をやりました。高い建物のあいだの細い路地で収録するとき，ビル風の音をシャットアウトするためにカバーを被せるのです。「これってまさか，何か深い意味があるわけじゃないよね？」彼はそう言ってニッと笑いました。「いや，嫌いじゃないよ！　くすぐられるのも悪くない。ちなみに僕は肌と肌を合わせたい派だけど」

「わかったからこっちへきて」と私は言いました。「私たち出会ったばかりよね。だけど，あなたは私に声をかけたでしょう？　私は今，なぜ男の人がそんなことをするのか調べて回っているところなの。で，さっきのは何？何が目的だったの？」

先に口を開いたのはマイクでした。

「女性の気をひくためだよ！　目の前を歩く君を見て，『彼女すごくイカしてるけど，もう会えないだろうな』って心の中で思いながら，ただ通り過ぎることもできたさ。でも，水に釣竿を垂らせば，食いつくかもしれないだろ？」

ザックが釣竿を操るしぐさをしながら，リールの見事な音まねをしました。ザックもマイクに同調します。お笑いコンビさながらの二人の軽快なかけ合いに，私は卓球台の上のピンポン玉を目で追うように，二人の顔を交互に眺めなければなりませんでした。

「君がこうして僕らと話しているんだから，大当たりってわけさ！」とザックが言いました。「君は目をそらしたり，歩き去ったりしなかった。僕らの存在を気に留めたんだ。それもみんな僕が君に叫んだおかげさ！　僕が女性に声をかけるのは，楽しい気分になってほしいから。不安に感じたり，不快に思ったりしてほしくはない。失礼なことや傷つけることは絶対に言わないよ。僕が叫ぶのは称賛の言葉だけ。自分がその夜の主役だって気分になってほしいんだ。たった2秒でも，誰かにきれいだと認められたんだから」

「つまり，女性は声をかけられるとうれしいって考えてるの？」と私は尋ねました。返ってくる答えに対してしっかり反論できるよう身構えながら。

「100％そうだと思ってる」とザックがうなずきました。

「これまで声をかけた女性が近づいてきたり，うれしいって答えたりしたのは，全体の何％？」と尋ねてみました。

「君のおかげで打率は1％に上昇したよ。つまり，約99％は無反応ってことだな」。ザックが素直に認めます。

「それなのに，どうしてあなたは女性が喜んでいるって思うの？」

「そのときの笑顔さ。正直やりすぎたこともあるよ。通りにたむろする女の子のお尻を叩くとか。誰か一人のお尻を叩けば，ほかの女の子たちはみんな困惑するんだ。『どうして彼女なわけ？』ってね。そして，友だちの前でぺしりとやられた本人はというと，『私のお尻が選ばれたのね！』と考える。彼女たちにとっては選抜試験みたいなものさ。誰のお尻が一番イケてるかなんて正直関係ないんだけど……」

「あなたが最後にお尻を叩いた女の子の反応は？」

「『もう！』って感じでお尻を引っ込めたよ。ほかの女の子たちの反応は……」

マイクがわざとらしいクスクス笑いのまねをしました。

「そうそう，そんな感じ！」と，ザックもクスクス笑いながら，手のひらをマイクの方に向けてひらひら動かしました。「僕は悪いことなんかしていない」とザックは言いました。「公衆の面前で女性のお尻を称賛しているだけさ」

「公衆の面前で女性のお尻を叩くのは悪いことじゃないっていうの？」私はもはや笑い出しそうでした。

「そうだよ。僕はちゃんとわきまえている。それが……称賛になるかならないかくらいはね」

「わかったわ。それで，声をかけて近寄ってきた初めての女性が私だったってわけね？」

「そう！　君が一人目だ！」とザックが言いました。「わざわざやってきて感謝してくれた記念すべき第一号だ。『ハ〜イ，コメントありがとう』ってね」

マイクは笑いをのみ込むように握りこぶしを口に当てて言いました。「そんなことは言われてないぞ」

「ああ，そうだな」とザックがマイクに向き直って笑います。「たしかに感謝はされてない」

ザックとマイクは女性の反応についてさらに話してくれましたが，どの女性もみなダンスパーティーに出かけた高校生のような，コメディドラマのメインキャラクター（アメリカのコメディドラマ『ザ・ナニー』でフラン・ドレシャーが演じた主人公のような）にありがちなきゃぴきゃぴした印象を受けました。

「こいつときたらさ」と，マイクがザックの方にあごをしゃくって言いました。「一緒に出かけると，女の子のグループを見つけるや近づいていって，『友だちが，君たちを抱きかかえるなんて無理だって言うんだけど』なんて言いながら，本当に抱き上げるんだ！　そのまま肩に担いで回転すると……」

「キーーー」とマイクが金切り声を出します。かわいい子犬を見たときに出すような，風船の空気が一気に抜ける音のような声をあげ，ネイルを乾かすようにひらひらと手を振って見せながら，「大喜びさ」と得意満面で言いました。

証拠としては信頼性が低いと言わざるを得ません。「女性が笑っている」事実と，「彼女は楽しんでいるにちがいない」という推測とのあいだに，大きな隔たりがあるのはおわかりでしょう。女性は緊張や不安から，あるいは軋轢《あつれき》を最小限に抑えて社会的状況をやり過ごすために，微笑《ほほえ》んだり笑い声をあげたりするものなのです。ザックとマイクにもそう伝えました。女性の笑う声や表情が，逆に居心地の悪さを示す証拠になり得るのだと。

「なんだか少し申し訳ない気持ちになるよ」とザックが言いました。「めちゃくちゃ後悔してるわけじゃなくて，ほんのちょっぴりだけど。そんなの悲しい。お尻を叩くのが女性に対する称賛だとわかってもらえない世の中なんて。納得いかないけど，理解はできる。それでも僕は，女性のお尻を叩くのをやめるなんて言わないけどね」

「どうしてやめないの？」

「僕は最大限親しみを込めてそうしているんだ。思い切り笑顔を見せて，相手も笑顔になって，みんながハッピーになる。僕は夜を楽しんでいるけど，彼女たちがまだ楽しい夜が待っていることに気づいていないのなら……」ザックがそう言って，手をぐるぐる回してお尻を叩くしぐさをして見せました。「ぽんと叩いて気づかせてあげるのさ！」

「だから，違うってば……女性が笑ったとしても，本心かどうかわからないのよ。彼女たちがはたして本当に――」

「わかったわかった！」とマイクが割って入りました。「ザックは君のお尻を叩いちゃいないし，手首をつかんで路地裏へ連れ込もうってわけでもない――お尻を叩いておしまいさ。たとえるなら，歩道からはみ出してしまったところへ車が走ってきたけど，『ヤバい』と思った瞬間に歩道に戻って万事OKってのと同じさ」

「誰かに恐怖の種をまいておきながら，どうしてそれがOKだって言えるの？」

「じゃあ，どうするべきなんだい？」マイクは心底困惑した様子でした。

「細かいパーセンテージを気にして生きるなんて無理だよ！」とザックが言いました。「たしかに，間違ったことをするやつだってたくさんいるけど，だからといって楽しんじゃいけないってことにはならない。大多数の人たちが，僕らがやってるようなことをしたいと望んでる。楽しみたいし，女性のお尻を叩きたいし，通りの向こうを歩く女の子に声をかけたいと思ってる。ただそれだけのことだよ」

私はさらに説得を試みました。問題は彼らが「やろうとしていること」ではありません。相手がどう思うかということなのです。

「君がすべての女性を代弁することなんてできないよ！」マイクが反論します。

「主観的な問題だ」とザックも援護射撃します。「僕の言ったことで嫌な思いをさせてしまったのなら謝るけど，それは個人的な問題だ。君が言っていることは，女性に声をかける男性への偏見だよ。わかった，君はそれが許せないんだね。たしかにみんながみんな受け入れられるわけじゃないだろう。でも，僕は実際に多くの女性の反応を見てきて，『ハハハ！』と笑えばそれで終わるってわかってる。女性はそれで自信が持てるんだ」
「女性はみんな感受性のレベルが違うし，君はすごく敏感なんだと思う」とマイクは私に言いました。「女の子はみんな違っているから，僕らは君が傷つくようなことを言ったのかもしれないね。そろそろいいかな？」
私はほかの男性にも，女性が笑顔を浮かべたり笑い声を出したりしたからといって，必ずしも楽しんでいるという証拠にはならないと話しましたが，やはり二人と同じような反応が返ってきました。
「まさか！　この顔で誰かを怖がらせるだって？　そんなことあり得ないよ」とセバスチャンは言いました。
「いいや，女性はみんな喜んでる」と花婿付添人は言いました。「見りゃわかるさ」
見りゃわかる，ですって？　むしろ私は当事者です。私は信用していない男性に対して，楽しいふりや，関心があるふり，目を大きく見開いて驚いたふりをします。何かが私の認知制御に訴えて，声は2オクターブ高くなり，笑う口元は普段よりわずかに横に広がるのです。しかし，私がインタビューした男性はみんな，私自身が女性であることを忘れたのか，私の方が仮説の対象者について詳しいという意識もないようでした。それどころか，まるで自分たちが女性という無言の生き物を見下ろす科学者であるかのように，上から異議を唱えるのです。シモーヌ・ド・ボーヴォワールは著書『第二の性』で，女性は神秘的で理解し難いという神話の考察に多くのページを割きました（動物学の性に関する論文だと思っていたアメリカの出版社は面食らったようです）。このような女性の神話をつくり上げることによって，「説明しがたいように見えることが簡単に説明できる」のだと，ボーヴォワールは分析します。「女性を『理解できない』男性は，客観的な抵抗を，主観的な心の弱点にすりかえてしまう」のだと。ボーヴォワールならきっと，私と男性たちの会話を笑うでしょう。彼女の考えを映し出す以前の現象が起こっているのですから。彼らは，自分に理解できないことなどあるはずもないと思っているのです。

――でも，彼女たちは笑っている。
その笑いはあなたを欺くための道具なのですよ。

——いや，そんなはずはない。本当さ。

それはまるで，映画『トゥルーマン・ショー』の主人公が，これまで生きてきた世界が実はテレビ番組のセットだったと告げられて，その事実を受け入れるのではなく，舞台美術係に向かって「そんなわけがない」と落ち着き払って言うようなものです。「なんだって？」と美術係は考えるでしょう。「私が舞台美術を手掛けたんだ。装置が本物かどうかは私が一番わかっているはずだろう？」

私は彼らの前で「私は女性よ！」と叫ぶべきだったのかもしれません。しかし，そうしたからといって，やはり「それでも君はすべての女性を代弁することはできない」と言われるだけだったでしょうし，叫んだせいで別の騒ぎが起こっていたでしょうから。

その夜，私は小一時間もザックとマイクの二人組と話をしたのですが，その半分は女性が声をかけられてうれしいのかどうかという問題に費やされました。

「君は全女性の代弁なんてできない！　無理だよ，そんなの……」マイクは私と同じく袋小路に入って困惑していました。そして二人は，ライブが始まるからと行ってしまいました。

「君のおかげで女性の考えがよくわかったよ」とザックは言いました。「完璧に理解できた。だからといって何かを変えるつもりはないけど」

私たちは路地で電話番号を交換しました。ザックが私の番号を打ち込みながら，歌うようにつぶやいていました——「エレノア，エレノア……エレノアは無視《イグノア》しないっと……」

「女性に声をかけるのをやめるようあなたたちを説得する方法はないってことなの？」と，私は別れ際にもう一度尋ねてみました。

「僕らと一晩過ごすって手があるよ」とマイクが答えました。

不快な議論で相手を言い負かすための最良の方法は，できれば観衆の前で，相手と正面から向き合って間違いを証明することだと広く信じられています。17世紀に英国議会が，出版できる書物を制限する出版検閲令を出すと，『失楽園』の作者ジョン・ミルトンは，「自由な公開の場で，真実が覆されることなどありえない」と語り，真実の守護者は敵対する意見にも喜んで耳を傾けて論駁《ろんばく》すべしと訴えました。ジョン・スチュアート・ミルも200年後の『自由論』で，個人間の討論が真実へ前進するための重大な役割を担うと書いています。

> 人は，討論と経験によって間違いを改めることができる。経験だけでは不十分で，必ず討論しなければならない……間違った意見や行動は，やがて事実と討論に屈服する。ただし，精神に働きかけるためには，真理と討論が先立たなければならない。真理の大部分は，それだけでは意味をなさず，それらを伝えるための言葉がなければならない。

これを起点として言論の自由の伝統が生まれ，私たちはそこから論証や討論に関する概念の多くを受け継いでいます。討議に関する同じような信念が2017年に存在したというのも不思議ではありません。アメリカの『ニューヨーク・タイムズ』紙は，読者から白人ナショナリズムの姿勢を批判され，「私たちの方針に議論の余地はない……アメリカ社会の末端と，その末端に暮らす人々を直視して，しっかり光を当てる必要があるからだ」と答えました。また，フランスの極右派のリーダー，マリーヌ・ル・ペンによるオックスフォード弁論連合［訳注：討論会や講義などを行うイギリスの学生組織］での演説が激しく非難されると，学生たちが「ル・ペンの意見を聴くべきだ。彼女には合理的なレベルで向き合い，知的に会話をすべきだ」と抗議しました。また，2009年にBBCの政治討論番組『クエスチョン・タイム』が，極右政党であるイギリス国民党のニック・グリフィン党首に出演を依頼すると，時の首相ゴードン・ブラウンが「イギリス国民党の実態が見られるよい機会になるだろう。彼らの思想を聞けば，彼らの発言が受け入れ難いものだとわかるはずだ」と語りました。2014年，危険思想会議の共同創設者は，ウスマン・バダーの「名誉殺人を道徳的に正当化」する講演に反発の声が寄せられると，「危険な思想は，理性と洞察の光に晒《さら》されるべきだ」と主張しました。人々が「打破したいと願う危険な思想の性質をよりよく知り，直面した問題に対する自分の考えを見直す」ことが，会議の狙いだというのです。哲学的思考の行く末は明らかです。議論の激しいぶつかり合いを経て，私たちは真実により近づくことができるのです。

しかし，言葉が誰に対しても同じように働くわけではないとなると，討論で偽りを打ち破れるという保証は暗転します。あなたが発した言葉に誰も耳を傾けないのなら，発言の権利を保障する法律に何の意味があるというのでしょう。言葉とは，単に思想を積み込んで，議論の闘技場へと漕ぎ入れる船ではありません。言葉は人々と結合します。なかには討論が始まらないうちから，口を開く前に疑いの目を向けられるのではないか，論理的に主張を述べる前に頭が悪いと思われるのではないかと，怖《おじ》気《け》づいてしまう人もいます。まともな考えを持つ人たちが議論を開始し，得点板をふと確認したときに，自分の発言がそこに反映されていなかったら？　合理的な討論が，はたしてどれだけ偽りを打ち砕くことができるというのでしょう。

現在の政策立案者や知識人が，300年前に男性がかつらをつけていた時代の哲学の半分でも現代の哲学に目を向けていたなら，このような現象がごく日常的に起こっていて，合理的な討論の基盤を蝕《むしば》んでいることに気づいていたはずです。

哲学教授のミランダ・フリッカーが，「証言的不正義」に関する最近の研究で，この現象に言及しています。「証言的不正義」とは，「他者が不当にこちらの発言を退けるというふざけた行為」をいかにも学者らしく言い換えた用語です。フリッカー教授はイギリスの哲学者で，長年にわたって倫理学，フェミニスト哲学，知識について研究し，本来は下位区分として分類されるそれらの分野を結合させて，自らの研究の基礎をなす「境界再構築」をまとめました。私たちがお互いどのようにして知識を吸収し合うのか，また，知識が得られないときにはどのような不正義が生じているのかという点に注目しています。フリッカー教授によると，「聞き手が話し手のアイデンティティーに偏見を持っている場合，話される言葉の信頼性が低くなる」ため，人々は不正義に苦しむのだといいます。たとえば，有色人種の容疑者は肌の色のせいで主張を却下され，女性が苦しみを訴えても性別のせいで取り合ってもらえず，話し手のアクセントから出身地や社会階級や教育水準が推察され，話を真剣に聞いてもらえないというのです。フリッカー教授によると，これらの偏見は「話者の信頼性を不正に上下させる傾向にあり，これがときに聞き手の信念や許容の基準を超えてしまい，偏見のせいで知識を得るチャンスを失うことになる」といいます。

私たちは日常やフィクションの世界でこのような現象に出会います。フリッカー教授は，ハーパー・リーの小説『アラバマ物語』で，白人女性メイエラ・ユーエルがアフリカ系アメリカ人男性トム・ロビンソンを性的暴行で不当に訴えた裁判について，証言的不正義の観点から考察しています。控えめに言っても，陪審員の心証を左右したのは，ユーエルの話の信ぴょう性ではなく，法廷でロビンソンが発した言葉の聞こえ方でした。彼が口を開く前から，法廷は彼の人種への偏見と疑念に侵されていたのです。「信頼性の格差」が働いている状態です。こうした不正義への抵抗を研究する哲学者のホセ・メディナは，トム・ロビンソンに対する信頼がないことに加えて，ユーエルに対する過剰な信頼が作用していると指摘します。つまり，このような信頼性の格差は「被告と原告が証人席に立つ前からすでに存在し……事実，『アラバマ物語』の裁判手続きには，推定信頼性の序列があった」のです。ところで，メディナはノースウェスタン大学の終身教授で，その前にはマドリードにあるカルロス３世大学の国際人文科学部長も務めた人物ですが，ノースウェスタン大学で顔がよく知られるようになるまで，講義室に早く着いた学生からは用務員のおじさんと間違えられていたそうです。これもまた，推定信頼性の序列が働いた例と言えるでしょう。

信頼性のレベルに基づいて，私たちが普段から不利な立場に追いやっている人たち——有色人種，過度に女性的な人，地元出身ではない人など——は，当然不利な立場のままです。他人，医者，警察官，法執行官など，質問に答えた相手に言葉を退けられたとしても，何ら不思議はありません。しかし，話し手と同じく，言葉もときに力を失うという事実は，私たちの合理的な議論の理想に衝撃を与えます。信頼性が不十分と考えられる話し手が討論に参加し，いくらポイントを稼いだとしても，対話者はまるで何も聞こえていないかのように振る舞うのです。

——女性が喜んでいるという明確な証拠があります。

その証拠が疑わしいのです。

——いいえ，女性が喜んでいるという証拠があります。

あるいは，言葉はただ消滅するのではなく，歪みが生じることもあります。対話者から情報が伝わらないのなら，彼らが言葉で何を言わんとしているか，認知ループに当てはめて別の話を見つけなければなりません。その結果，彼らが主張していることを考えるより，自分にとってより筋の通った説明を見つけて反応するのです。このような現象が起こったときの問題は，言葉が消えることではなく，言葉を発した本人がまったく認識できない何かに姿を変え，本来の意味を失った歪んだ言葉として記録されてしまうことです。ある夜，「ベッド完備」と怪しい看板を掲げるユースホステルの前を通りかかった私は，蛍光灯に照らされた出入口の外でブライアンと出会いました。彼は私を野次ったわけではなく，ほかの男性へのインタビューを録音している私を見て，何をしているのかと尋ねてきたのです。ブライアンは，自分もときどき女性に声をかけるのだと話してくれました。そこで私がいつもの調子で演説を始めると，彼は異議を唱えました。「僕はそんなんじゃないよ！」

私はさらに続けました。「あなたがいい人なのはわかるけど，見かけだけでいい人か怖い人かなんてわからないのよ」

ブライアンは父親のようなしかめ面で言いました。「それって失礼だと思わないかい？」まるで，私が言っていることは個人攻撃だというような口ぶりでした。

パターンを見極めるまで時間がかかりましたが，マイクが私の感受性を「すごく敏感」と言ったときにも，同じようなことが起こっていたのだと思います。私はマイクに，女性はときどき不安からつくり笑顔をするのだと伝えたのですが，私一人が女性全員を代表できないと考えた彼は，私が説得しようとしている目的について，自分が納得できるような説明を見つけなければなりませんでした。そして，私が伝えた女性の行動傾向に反して，彼は頭の中で一つの解をはじき出しました。「女性は感情的なんだ！」と。つまり，私が彼に伝えたのは「知っていること」ではなく，「感じたこと」ということになります。

しかし，私は感受性が高いとも，不安に感じているとも言いませんでした。この本でもう一度振り返ってみて，もしかすると読者も，マイクの言葉から，私が男性の前でガタガタ震え，頬にマスカラ混じりの黒い涙をつたわせながら，「女性への暴力について感じること」を訴える姿を想像するかもしれないと思いました。自分の著書の中でさえ，私が「感情的だった」というマイクの証言の方が，それを否定する私自身の言葉よりも信用されるのだろうと気づいているのです。でも，私が感情的になっていると言わなかったのは，本当に感情的でなかったからです。野次られて不快な気持ちになることもありますが，だいたいあきれる以上の感情は生まれません。言うなれば，困惑と無反応です。私のマイクについたふわふわの風よけを見てザックが下ネタを言ったとき，笑ってあげなかったのは不親切で不愛想だったかもしれません。あのときの私は感情的というより，収録できたことがただうれしかったのです。

マイクとザックの二人組と話していたとき，私も知らず知らずのうちに，とってつけたような例の笑いを発動していたことを告白しておきましょう。わざとではありません。自分がつくり笑いをしていたようだと，あとになって気づいたのです。録音した素材を聞き返してみると，陽気な声で，ザックのジョークにウケて何度も笑っていました。そして，実は一つ言いそびれていた出来事もしっかり音声として録音されていました。ザックが女の子を抱き上げるという話をしてくれたマイクが，実際に私を抱きかかえて肩に担いだのです。私は声を潜めて笑っていました。まさに塗りたてのネイルを乾かすために手をひらひらさせながら笑う女性の笑い声です。聞くに堪えませんでした。たしかにひどく敏感な人のように聞こえます。路地に男性二人と自分しかいない状況で，男性の一人に抱きかかえられて笑っているのです。彼らと私がいる空間で私が発した言葉に歪みが生じ，マイクはそれを異常に感情的な反応として理解したのでしょう。

彼らとの会話のあと，私は奇妙なフラストレーションを感じました。

すると,『これがアメリカン・ライフだ』のプロデューサーを務めるニール・ドラミングが, ザックに連絡してもう一度会ってみるよう勧めてくれました。今度は日中に二人だけで会うのです。ザックは快諾してくれました。平日の夕方に会うと, お互い前回とは印象がまったく違いました。ニールが事前に，自分の意見を立証する実証研究を調べておくようアドバイスをくれました。そこで私は，ナンパやボディタッチをされた女性の態度に関する調査結果を見つけて，スマートフォンのスクリーンショットに収め，車を停めた駐車場からザックとの待ち合わせ場所へ向かいました。

ぎこちない世間話を少しばかり交わしてから，私は「じゃあ，話しましょうか」と切り出しました。「通りで声をかけられて楽しいと感じないのは私だけじゃないわ。アンケートの結果，女性が不快に思っていることがわかったの。あなたは前回のインタビューで，女性がわざわざ向き直って『うれしいわ。電話番号を教えて』と近寄ってきたことはないって言ったでしょう？　それに関する統計データがあるの。67%の女性が通りでの交流がエスカレートする恐れがあると考えているのよ」

「待って，67%の女性がエスカレートしないって考えているのかい？」

「いいえ，67%の女性がエスカレートすると信じているのよ」

「それってもしかして悪い意味で？　まさか！　そんなのひどすぎる」

「85%が怒りを感じ，70%が緊張感を抱いているの。つまり，私だけじゃないってこと。ほとんどの女性が嫌だと思っているのよ」

「そりゃ驚きだ。僕は統計なんて聞いたことがなかったからね。ただ思い込んでいたんだ。申し訳なく思うかと聞かれれば……そうだね，いい気分にならなかったのなら申し訳なく思うよ。僕はただ偶然の出会いを大切にしたいんだ。でも，きっと偶然なんかじゃないんだろう。そもそもそこから間違えていたんだ」

今でもこの会話を聞き返すと，ザックがあまりにも悲しそうでいたたまれない気持ちになります。彼は路地で出会ったときのような軽口を封印していましたが，「君は女性全員を代弁することなどできない」という姿勢はすぐに取り戻しました。

「たとえば，週末に出かけたある女性が……」と，すっかり饒舌《じょうぜつ》さを回復したザックが言いました。「一日中女性ばかり相手にするネイルサロンの店員だったとしたら。待ちに待った週末に通りを歩けば，男たちが彼女の美しさを称えるんだ！　見知らぬ誰かに称賛されれば，肩の力が抜けて，羽を伸ばした気分になるだろう。なかには声をかけられたい一心で，通りをひたすら歩いている女性だっているかもしれない。聞いたわけじゃないけど，キングス・クロスのような場所で，クラブに入るわけでもなく，ただ通りを歩き回って声をかけられるのを待っている女性だって，絶対にいるはずさ」

「どうして絶対と言えるの？」私は単純に混乱していました。

「男はそんなものだからさ」

長い沈黙が流れました。

「私たちはそんなことしないわ」

「でも君が女性全員を代弁することなんてできないだろう！　そんなの無理さ」

「私が言いたいのは，私を信じて，私の話を受け止めるべきだってこと。女性の気持ちを想像するのではなく，女性を信じて，女性の話をありのままに受け止めるべきよ。あなたの想像が間違っているって証拠をこうして示しているのだから」

「女性に大声で呼びかけるなんて……それってなんていうか，すごく感じ悪いよね。でも，不幸にも男ってそんなもんなんだ」

「じゃあ，あなたもそんなもんだって言うの？」

「いや，僕は違う」

さらに一時間ほど話してようやく，ザックが女性のお尻を叩かないと約束し，私たちは誓いの握手を交わしました。「それでも僕は道行く女性に賛辞を送り続けるよ」ザックは言いました。

私はいまだに，あのときザックが首を縦に振ったのは，いい加減解放してほしかったからなんじゃないかと思ったりします。ザックにはずいぶん時間をとらせてしまいましたから。ザックが本気だったかどうか確認してみようという方は，『これがアメリカン・ライフだ』のウェブサイトで，ザックと私の二つ目の会話を聞いてみてください。お尻を叩かない約束を含め，会話のほとんどを聞くことができます。

ザックとの2回目のインタビューに出かけるとき，私は自分の言葉が失われてしまわないよう肝に銘じました。以前の私は，自分の発した言葉がひとたび意味を失くせば，その効力を簡単には取り戻せないということに気づいていませんでした。言葉の効力を取り戻す方法は？　よりたくさんの言葉を並べ立てればよいのでしょうか？

それはとても複雑な問題に感じられました。私が証拠の限界について話そうとすると，聞き手である男性は，まるで彼自身がレイプ犯として非難されているかのように感じたようなのです。そのときの私は，合理的な説得モデルの信頼性が崩壊して頭が混乱し，キングス・クロスで幾晩も駆けずり回って疲弊していたせいで，一体何が起こっているのか自分で判断することができませんでした。そして，番組でザックとの会話と，ザックとマイクをはじめとする男性へのインタビューがすべて放送された数カ月後，私はプリンストンの自宅の近所にある書店で，『ひれふせ，女たち：ミソジニーの論理』という巧妙な書名がつけられたケイト・マンの著書を手に立っていました。女性嫌悪《ミソジニー》について書かれたその本のページをぱらぱらとめくったとき，注釈に私の名前が書かれているのを発見しました。大学で哲学を教えるオーストラリア人のフェミニスト哲学者でコラムニストでもあるマンが，女性に野次を飛ばす男性へのインタビューは，「女性が感情と選好を明白に表しているにもかかわらず，男性が女性の心を勝手に上書きする現象」の証拠だと述べていたのです。それを読んで，私はようやく理解できた気がしました。言葉はすべての人間に同じように働くわけではないのだと。そして，言葉が合理的な討論の手段であるのなら，合理的な討論もまた，すべての人に等しく働くわけではないのです。

一部の人がほかの人たちに比べて，「合理的な討論」を楽しめないというのはなぜでしょう。自分の発した言葉がかき消されてしまう，あるいは固定概念の型にはめられてしまうのなら，言葉を意のままに操る人と比べて，娯楽としての決闘に喜びを見出せないのは当然でしょう。現在では「合理的な討論」そのものに楽しみを見出す強者も現れました。たとえば，アメリカの保守系メディアを代表するグレン・ベックは，銃規制反対と言論の自由を訴える保守主義を掲げて，ファンイベントからクリスマスの本当の意味を描いた絵本まで，あらゆる企画の収益化を図り，2億5000万ドルものブランド価値を築き上げました。ベックは自身のラジオ番組で，ユダヤ人を「急進的なイスラム教徒」，気候科学者を「ゴア崇拝のサイコ野郎」[訳注：アル・ゴア元副大統領が気候変動問題に最初に大きな警告を発したことから]と呼び，『フォーブス』誌に「政治には興味がない」と述べ，「私の発言を正しいと思い込むのはまぬけだ」とも語っています。また，40年の長きにわたってラジオ番組のホストを務め，かのビヨンセをはるかに上回る純資産を築き上げたラッシュ・リンボーは，番組でさまざまな人々の辛辣《しんらつ》な意見や右派的な見解を放送しています。かつてリンボーは，女性が避妊に健康保険を適用したいと言うのなら，その代わりに自分のセックステープを公開するべきだと発言したこともあります。リンボーはテレビ番組『トゥデイ』で，自分がやってきたことのほとんどは，「翌日もチャンネルを合わせてもらえるよう視聴者を満足させるためにやったこと」と語りました。「私は〔メディアで〕関心を引く術を心得ている。向こう二日間は私のことが話題にのぼるやり方をね」

このような議論至上主義者は白人男性に多いと言うと，まるで人身攻撃のように聞こえますが，だからといって私がためらう必要はないのでしょう。彼らはどうやら，女性を「女性」，イスラム教徒を「イスラム教徒」などと類型化することが，同等に不適切な行為とは考えていないようなのです。「白人男性」というレッテルを貼られることが無礼で不適切だと言うのなら，人種や性別による類型化が事実の中立的説明であるはずがありません。いずれにしても，私たちは今，言葉に裏切られたことのない人，聞き手に言葉を聞き違えられたり，疑われたり，意味を変換されたりするフラストレーションを味わったことのない人たちが，自由自在な「合理的討論」を楽しむ時代を生きています。言葉が期待通りの働きを確実にしてくれるなら，その力を試してみようとも思うでしょう。討論という行為は，話すという行為と同じく，一部の人たちにはより楽しく感じられるのです。

また，言葉が万人に等しく働くわけではないという事実によって打撃を受けるのは，合理的な討論だけに留まりません。言葉のコントロールを失ったその先では，行為のコントロールも失われます。言葉は単に真実を伝えるだけでなく，人間としての権限を行使するための手段でもあるのです。1955年，イギリスの哲学者ジョン・L・オースティンが，ハーバード大学で『言語と行為』の講義を行い，言語が単に世界を言い表す以上の働きを担っていることを示しました。つまり，私たちは言語によって，約束や結婚や命令などの行為ができるのです。

それからのち，ケンブリッジ大学哲学教授のレイ・ラングトンが，他者と同じように言葉が使えないということはつまり，他者と同じように行為を遂行できないことに等しいと指摘しました。私は今でも，ラングトン教授の論文「言語行為と非言語行為」を読んだときのことを鮮明に覚えています。まさに目からうろこでした。ラングトンは，政府が人々を従属させられるのは，特定の人々の言葉がほかの人々の言葉と同じようには機能しないよう操作しているからだと説明しています。南アフリカ共和国のアパルトヘイト下で，黒人が投票権を求めて正しい言語行為を行っても，政府がその発言を「無効」とする法律をつくり，彼らの力を奪いました。オーストラリアでは，同性婚に関する郵便での世論調査が行われる以前，同性カップルは法律による制約に縛られていて，彼らの発する言葉は他者の言葉と同じようには作用しませんでした。教会の祭壇の前に立ち，手を取り合って「誓います」と言うことはできても，その言葉は結婚を意味するものではありませんでした。同性カップルの宣誓の言葉は，法律によって「効力」が失われていたのです。そして，女性の言葉が本来の力をいつも発揮するとは限らないと言うのなら，女性が他者からの扱いを許容あるいは拒否する力にも同じことが言えます。ラングトンは生々しく恐ろしい性的暴行の仮説を次のように提示しています。

> 拒絶の意志表示を認識できない者もいるだろう。「彼女の方から近づいてきたので，合意のもとだと認識した」と男は言うかもしれないのだ……女性は発した言葉通りのことを意味している。彼女は拒絶を意図して試みるが，彼女の発する言葉は理解されない。彼女の性質と置かれた立場から，拒絶の声が声にならない —— 彼女は何も言えなくなってしまうのだ。

　こんなことが本当にあり得るだろうかと疑問に思うなら，シドニーのルーク・ラザラスという男の強姦事件の裁判を調べてみるといいでしょう。ラザラスが，父親と共同経営するクラブで出会った当時18才のサクソン・マリンズを外へ連れ出し，私がザックとマイクにインタビューをした場所からそう遠くない路地で性的関係を持ったという事件です。公判では，ラザラスの供述とマリンズの証言にほとんど食い違う点はありませんでした。クラブのダンスフロアでキスしたこと，手をつないでダンスフロアから立ち去ったこと，ラザラスが通りへ出るドアを開けたとき，マリンズが友だちのところへ戻りたいとラザラスに伝えたことなど，二人の話は一致していました。また，ラザラスがマリンズにフェンスに手を突くよう指示したこと，ラザラスがマリンズの下着を脱がせたこと，そのときマリンズが身体的に抵抗しなかったことについても二人に異論はなく，さらにラザラスがマリンズに性交渉の同意を求めなかったことと，マリンズに四つん這いになるよう指示したことも認めました。また，マリンズが「イエス」と同意の言葉を発しなかったことと，アナルセックスが行われた事実も認めました。唯一の争点は，ラザラスがマリンズの意志に反して行動したのか否かという点でした。

初公判で強姦の罪で有罪判決となったラザラスは，これを不服として審理無効を要求し，控訴審では無罪となりました。裁判官は，マリンズが「心の中では合意していなかった」が，ラザラスにはマリンズが合意したと「心から信じる」だけの「合理的根拠」があったと判断したのです。再抗告では，マリンズが合意したものとラザラスが思うに至った経緯を裁判官がよく考慮すべきだったとの訴えがありましたが，再度の控訴審には至りませんでした。

もちろん，ラザラスがマリンズの合意を得られたとは思っていなかったという仮説も考えられ，ニュースキャスターのベン・フォーダムが，ラジオ番組『2GB』でラザラスにインタビューを行い，次のように迫っています。

> 私があなたから受ける印象は，金持ちの坊ちゃんで，甘やかされて育ち，力が強く，酒に酔った18才の少女を思い通りに扱う男というものです。男性経験がなく，路地で知らない男にアナルセックスなんかで処女を奪われたくはなかったはずの少女を傷つけた。それは，あなたが実際にしたことですよ。あなたは，それが間違っていると知っていたはずだ。

しかし，私の頭には別の恐ろしい仮説が浮かんでいます。ラザラスの証言に偽りはなかったのではないだろうかと。彼にとって，彼女はただ，彼とキスを交わし，沈黙したあとで友だちのところへ戻らなくちゃと言い，自分は処女なのだと彼に教え，性行為の最中に一言も発しなかった女性であり，彼女も「自分と同じように楽しんでいる」と思ったのではないか……。女性に対する幻想から，彼女の言葉と行動が意味深に感じられ，合意したものと思い込んでしまったのではないか……。

きっと反論されるでしょう。誰の口から出た言葉もみな，等しく価値があるのだと。それならば，合理的な討論の理想に従って，その考えに間違いがないかと自問してみてください。実に多くの研究により，同じ行為でも行為者によって異なる行為に見えることが立証されています。たとえば，授業やパネルディスカッションで，女性の発言時間が全体の半分を占めると，同席するほかの人たちは支配されているように感じ，女性が領域を不正に占領していると思うのです。女性と男性が同じ天気予報の原稿を読み上げると，男性の方がより専門的に聞こえる傾向にあります。黒人の若者が自転車のチェーンを切ろうとしていれば，通りがかった人がすぐに警察に通報するでしょう。でも，それが白人の若い女性なら，通りすがりの人がわざわざボルトカッターを手に助けにやってくるかもしれません。言葉もまた，発する人によって違ったふうに捉えられると考えられないでしょうか。そんな場面に出くわしたことがないというのなら，それはあくまであなたの目に映った世界であり，現実に起こっていることではないかもしれません。

言葉は誰でも用いることができるツールだという前提，また，意見のぶつけ合いが意識改革を促し，真実に近づけるという前提のもとに，私たちは議論の基盤をつくり上げています。しかし，これから議論しようという問題と同じくらい，論議そのものが権力の不均衡に影響を受けるとしたら？　女性に声をかける男性をつかまえては，非生産的でまどろっこしい会話を数週間も続けた私は，説得の理想の基盤をなす概念に懐疑的になりました。言葉には標準的価値があるという概念です。理想の基盤そのものが安定していないというのなら，私たちは合理的な意識改革に関して，ほかにも思い違いをしているかもしれません。

第2章

信念——あるいは，ジョージ・マイケル*は間違っていた

他人の証言から導かれる論理ほど，公的で，有益で，生活に不可欠な論理はない。

——デイヴィッド・ヒューム

それは信用できる情報じゃないわ。

——カーディ・B*

*ジョージ・マイケル（George Michael）は，1963年生まれのイギリスのシンガーソングライター。幼少期から内気で「ジョージ・マイケル」という架空のヒーローを空想する日々を送り，その名前でデビューした。アルバム「信念（Faith）」で1988年度グラミー賞受賞。1998年に「公然わいせつ罪」で逮捕。のちにゲイであることをカミングアウト。2016年に病死した。

*カーディ・B（Cardi B）は，1992年生まれのアメリカのヒップ・ホップ・ミュージシャン。少女時代はストリートギャングのメンバーで，ストリッパーを経て，Instagramへの投稿がきっかけで歌手デビューを果たした。この言葉は彼女の代表曲の歌詞。

ミッシーとディランのスペンサー夫妻は，互いに寄り添い，言葉を補い合いながら話を先へと進めていきます。

「あのことは伝えたの？　ほら，あの……」

「いいや，まだだよ。僕は……」

「あれは2年ほど前だったかしら，それに……」

「ちょうどその前に君が，ほら……」

「ああ，そうそう，思い出したわ。あれはたしか……」

二人が説明しようとしているのは，つい2，3年前の出来事です。ディランが，今では彼自身がカルト宗教と呼んではばからない「セクト」[訳注：元来，一般的な宗教から派生した「分派」を表したが，近年では社会的に警戒を要する団体を指す]から脱会したのです。

信仰する宗教についての意識改革は非常に困難です。ひと昔前は，近親者が専門家を雇って信者を拉致し，宗教の教えを拒絶するまで手錠をはめて食べ物を与えないなどの荒療治が行われていました。これがいわゆる洗脳解除療法で，「合理主義の専門家による『永久的』な洗脳」などと謳《うた》っていたものです。しかし，ディラン自身は拉致されることなく，自分の足でセクトの外へと踏み出しました。

ディランは敬虔な信者であった両親のもと，セクトの中で生まれ育ちました。そのセクトはキリスト教の分派を名乗っていましたが，今ではディランも，正統派のキリスト教徒が信仰を汚された気分になるだろうと思っています。ディランは20才になるまで，聖書を読んだり，経典の勉強会や礼拝に参加したりして過ごしました。常にセクトの年長の信者やほかの信者に囲まれて生活していたのです。元信者がセクトを批判していることは知っていましたが，彼らの言うことには一切耳を貸さず，インターネットでセクトを検索することもありませんでした。ディランは信者として，やっていいことと悪いことをわきまえさせられていたのです。

ディランが経験した意識改革の壮絶さが伝わるよう，セクトの教えをかいつまんで紹介しておきましょう。まず，世界の終末の教えがあります。実は一世代前に預言されていたのですが，現在ではその時期が修正されています。次に，男性だけで構成される上層部だけが知る真理が存在し，その真理が変化した場合も，上層部の構成員だけがそれを知ることができます。また，セクトのルールを破った信者は，配偶者や親などを含め，ほかの信者との交流を一切絶たれます。信者は，信者でない人々を改宗させることを務めとし，布教活動に励まねばなりません。さらに，苦しみながら死ぬことになろうとも，特定の医療行為は拒絶しなければなりません。婚前交渉，飲酒，喫煙，薬物使用はもちろんのこと，経典を独自に解釈することも禁止されています。自分がゲイやバイセクシャルであると感じても，そのような自覚に基づいて行動してはいけません。非信者との交際は「危険」とされます。アニメの『スマーフ』[訳注：ベルギー発のアニメ。主人公は青い肌を持つキャラクター] も邪悪とされているそうです。

「私は純粋にすべてを信じていました。それが私の信仰でしたから。ルールがおかしいだなんて思いもしませんでした……完全に洗脳されていたんです」

意識改革から3年が経過した今，ディランは自宅のポーチで，ごく平凡な家庭の日常の中に身を置きながら，私のインタビューに応じています。かたわらには妻のミッシーと子どもたち，そして元気いっぱいの子犬がいます。ディランは大地を思わせるたくましい男性で，鼻にかかった南国なまりのかすれた声で，ときおり長い沈黙を挟みつつ，ゆっくりと慎重に話します。地鳴りのようによく響く声で笑い，手の大きさはシャベルほどもあります。どっしりと構えるディランのまわりを，子どもたちがまるで小さな惑星のように，クスクス笑いながら走り回っています。穏やかな口調で話すディランの様子を見ていると，黙示録を心から信じ，否定的な証拠を断固拒否するカルト信者だったなんて，にわかには信じられません。

その手の宗教を信仰する人々を目の当たりにすると，彼らが認知傾向において何らかの過ち（自分たちだったら犯すはずのない過ち）を犯していると考えてしまいます。私がまだ中学生だったある雨の日のこと。保健の授業を代行で教えにやってきた先生が，何をして時間を潰そうかと考えた末，カルト宗教の元信者を追ったドキュメンタリー番組を流すことにしました。先生はそのとき，13才くらいの子どもたちがどれだけ残酷か，うっかり忘れていたのでしょう。インタビューの映像が流れ始めるや，元信者の発言に教室は騒々しい笑い声に包まれました。「何だって？　先生，今のところもう1回見せてよ！」

幼かった私たちが，自分たちだったら絶対に犯さないと思った彼らの過ちとは何でしょう。彼らが合理的になるために，修正すべき論理の狂いとは何だったのでしょう。

ディランの場合は，知らず知らずのうちに，物事を「いつ」信じるかという単純なルールを見失っていました。つまり彼は，一方的に何かを聞かされたときに，それをただ信じていたのです。しかし，そうなってしまうのも仕方のないことなのでしょう。1689年，イギリスの哲学者ジョン・ロックが，知識の原理を考察した主著『人間知性論』で，「他人の意見が自分の頭に流れ込んだとしても，私たちは少しも知識を増やしたことにならない」と語っています。あのとき，教室でひざを叩いて大笑いした私たちも，同じように考えていたのかもしれません。自分たちは他人の言うことをうのみにするほどバカじゃない。私たちは信じる前にちゃんと証拠を確かめるんだから，と。

なるほど，もっともらしい話ですが，必ずしもそううまくいくとは言えないのです。

「ミッシー，あなたは彼の考えを変えようと意識していたのですか？」

「ええ，意識していました。5年計画を立てたんですよ」

ミッシーは毅然と相手を諭せるタイプの女性です。母親らしく快活で，真面目で，言いたいことをきちんと相手に伝えることができます。はじめは数メートル離れたところから私とディランの会話を聞いていたミッシーでしたが，やはり二人で協力して話すべきだからと，ディランの隣りに座ってインタビューに加わりました。

「彼に会ったときのことは言葉で言い表せません。彼を見た瞬間にわかったんです。まるで磁石のように引きつけられました」

ディランが給仕係をするレストランでミッシーも仕事を始め，二人は出会いました。ミッシーは信者ではありませんでしたが，セクトとまったく無縁だったわけではありません。

「私が幼い頃，家族がセクトに入っていたんです。妹は生まれつき重い病気を患っていました。母がお産で入院したとき，子どもの中で一番年長だった私がつき添いました」

ミッシーの母親のそばには，ミッシーのほかに信者のグループがついていました。体調を崩した信者に病院でつき添う係の人たちです。その人たちは，信者が受けることができる治療を医師に伝える役割を担っていました。しかし，ミッシーの目には，彼らがまるで宗教の名を借りた犯罪グループのように映りました。ミッシーの母親に対して，何か問題でも起きたらいい恥さらしだと，脅し続けていたのです。出産直後，生まれたばかりの娘が瀕死《ひんし》の状態だと聞かされた母親は，選択を迫られました。救済の道が閉ざされるのを覚悟で治療を受け入れるか，それとも，教えを守って治療を拒否し，娘の命を危険に晒すか――

「現場にいた私はこの目で見ました。母が妹の治療を承諾する書類にサインをしたとき，年長の信者も，信者の妻たちも，文字通りみんな背を向けて去っていきました。彼らは母を『見捨てた』のです。あの人たちは，自宅から1時間も離れた病院に，死にそうな赤ん坊を抱えた母を置き去りにしました。幸い，妹は生き延びました。治療を受けたおかげです。でも……彼らが母のもとを去った事実は変わりません。母を見捨てたのです」

ミッシーの母親のように，セクトの教えを破った信者は，切り捨てられます。教会から締め出され，ほかのメンバーからの連絡は途絶えます。仲間外れの円は，病原菌が広がるようにどんどん大きくなっていきます。見捨てられた信者と話をした者も排斥の対象となり，さらにその者に話しかけた別の者もまた，同じ目に遭うかもしれません。連鎖はどんどん拡大していきます。ミッシーの母親があのときの信者たちと会うことは，二度とありませんでした。そして彼女は，自分を置き去りにした彼らが正しいと考えていました。

「母は立派な聖書を持っていました。11才や12才の頃の私は好奇心旺盛で，絵がたくさん描かれたその聖書をよく開いて眺めていました。そしてあるとき，聖書に挟まれた手紙を見つけたのです。母が神様に宛てて書いた手紙で，そこにはこう書かれていました。『教えがすべて正しいことはわかっています。私は今でも教団に戻れることを願い，世界の終末のあとにもう一度チャンスをいただけるよう祈っています』。母は今でもセクトの教えを信じているのです」

ミッシーとディランは出会ってすぐに交際を始めました。ミッシーは優しいディランを好きになり，ディランはミッシーの思いやりに好意を抱きました。ディランがセクトの信者であることを告げたとき，ミッシーは「まさか」と耳を疑いました。幼い頃の誓いと予想に反して，ミッシーは母親と同じセクトの人に恋をしてしまったのです。

みなさんは，他人に本当だと教えられたことを疑いもせず信じますか？ほとんどの人は，もちろんノーだと答えるでしょうし，その質問自体が無粋だとお叱りを受けるかもしれませんね。「友だちが崖から飛び降りたら，あなたも飛び降りるっていうの？」など，いかにも母親が子どもに言いそうな質問の進化版のようなものです。はっきりとした信念を持っている状況では，私たちは他人の言葉だけを信じて物事を受け入れたりしません。何かを信じる前に，まず自分でその根拠を確かめます。

その方法が正しいのなら，「誰かに何かを教えられたからといって，それをうのみにしてはいけない」ということが，意識改革のルールの一つとも言えるでしょう。しごくもっともらしく聞こえますが，私たちが日常的に信じている事柄のうち，この単純明快なルールが破られている例がどれだけあるか，考えてみてください。翌日の天気予報や，他人の名前，次のバスの時刻，ワクチンの効能，気候変動の現状，マチュ・ピチュの場所，ルビコン川の伝説，米ドルのレート，アフリカ大陸の地形，エイブラハム・リンカーンがゲティスバーグ演説で話した内容，南極大陸の気温，空が青い理由，原子の構造，同僚の一日の過ごし方……。挙げれば切りがありません。

では，その中に信頼性の高い事柄がいくつあるでしょう。ほとんどの事柄は信頼性が高いと言えるはずです。しかし，私たちが実際に根拠を体験した事柄となると，そう多くはありません。外科医の説明を信じるために，自分の臓器を実際に確認する必要もありませんし，深海に生息する生物について知るために，潜水艇に乗り込んで海底に潜り，頭のちょうちんを光らせる不気味な深海魚を観察する必要もありません。誰かに教えられたことをただ信じればよいのです。それが物事を信じる最善の方法ではないのでしょうか。私が天気予報や深海魚の情報をすべて信用していると言っても，あなたは「やめておけばいいのに」とは思わないでしょう。情報を信じることは，世界を認知するために許される当然の手段のように思えます。

しかしそうなると，「言われたことをうのみにしてはいけない」というルールが広く人々の意識に浸透していることや，「誰かの言葉を信じる」傾向が「騙されやすい」性質と結びつけて考えられることに矛盾します。世界最古の学会であるイギリスの王立学会でも，「ヌッリウス　イン　ウェヴバ」（ラテン語で「誰の言葉も信じるべからず」の意）をモットーに掲げています。現代の有名な科学者たちは，人の言うことなどあてにならないとでもいうように，人々の言葉よりも証拠の方に重きを置きます。性犯罪についての議論では，「第三者がいない状況」を理由に，まるで当事者の「言葉」が何の効力も持たないかのように退けられます。私たちが信じることの多くが証言に基づいていることは明らかなのに，このような姿勢がどうして広く浸透しているのか不思議なくらいです。おそらく，「アメリカン・ドリーム」の神話が好まれる理由でもあるのでしょう。私たちは自分の信念体系が，経済力や成功と同じく，誰の助けも借りずに自分の力だけで築き上げたものだと思いたいのです。

しかし，信念に対するこうした姿勢は，300年以上の歴史を持つ豊かで複雑な哲学から完全に乖離《かいり》し，もはや証言が知識の基礎になるかどうかではなく，「いつ」「どのように」知識を与えるかが重要視されます。オーストリア人哲学者ルートヴィヒ・ウィトゲンシュタインは，女子学生が教室に入ってくると口をつぐみ，彼女がそれを悟って出ていくまで沈黙したことで知られます。その彼が，並外れた哲学の才能を認めて深く信頼し，自身の著作物の翻訳者と遺稿の管理者に指名したのが，イギリスの女性哲学者，エリザベス・アンスコムでした。アンスコムは，「私たちは古代歴史学者の証言によりカエサルを知り，カエサルが書いたという書物も残されている！　しかし，彼らが本当に古代の歴史学者で，書物がカエサルのものだったとどうしてわかるのか。ただそう教えられたからにほかならない」と，問題の核心に迫っています。そして，「カエサルが実在したとどうしてわかるか」という問題に直面したときには，「何を証拠とすべきか尋ねるべき」だと言います。

しかし，その問いに対する答えはまた別の問題です。それは，証言が証拠になり得るかという問題なのです。ここでは意見が二分します。アンスコムが影響を受けたスコットランドを代表する哲学者，デイヴィッド・ヒュームは，証言に対する私たちの依存は一種の推論で，「ほかでもなく他人による証言の正確性の観察と，事実と目撃情報の適合から生まれたもの」と考えました。そんなヒュームに対して，オーストラリア人哲学者のC・A・J・コーディら近代の哲学者たちは，証言は知覚と同様，情報を得るためのごく基本的な方法であり，コーディの言葉を借りれば，「他人の言葉に対する私たちの信頼は，重大な認知活動という概念の基盤」であると主張してきました。証言がどのような内容であれ，どのように扱うかという問題は常につきまといます。私たちは，拒絶する理由がなければ，言われたことを信じてよいのでしょうか。あるいは，前向きな理由がある限りは，言われたことを信じてもよいということなのでしょうか。

他人の言うことを信じられる条件が何であれ，ときには信じずにはいられないという事実は否定できません。これには深い感慨を覚えます。人類の啓蒙における偉大なる進歩のほとんどは，私たちが互いに言葉を交わしてきたという単純な事実のおかげなのです。

つまり，ディランの信念構造が抱える問題は，「言われたことを信じる」ことよりも複雑だったということです。

一体どういうことでしょう。「何か」がずれていたのです。ディランは真実とかけ離れたことを信じていました。ハルマゲドンがやってくると信じ，年長の信者には神の声が聞こえると信じ，ルールの違反者を排斥するのが道徳的義務だと信じていました。彼の信念は相互的な一貫性を欠き，矛盾のループの中でがんじがらめになっていました。定説が定期的に変わり，世界の終末の時期が何度も修正され，年長の信者が語る真理がころころ変わっても，彼らを全能と信じて疑いませんでした。前の預言が間違えていたのだろう，と。そんな入り組んだ誤りを生む思考は，どこかの段階で方向性を誤ったことから生じたはずです。

それがどの段階でのことだったのか，特定することも大切です。いつの日かミッシーのような立場に立ち，数々の根拠を無視して誰かの言葉を信じた近親者の目を覚まさせようと，説得にあたる日がくるかもしれません。しかし，その者の信念構造を理解しなければ，意識改革の試みは失敗に終わるでしょう。

ミッシーは5年かけてディランの考えを変えようとしました。彼らは出会ってすぐに一緒に暮らし始め，婚約しました。ミッシーは，セクトから離れたディランがどんな人物かを想像し，そんな彼と人生を歩みたいと思いました。しかし，セクトの信者とともに生きることを拒みました。つまり，ミッシーの願いを叶える唯一の方法は，ディランの意識改革を成功させることだったのです。しかし，彼女は脱会を望んでいることを黙っていました。セクトに嫌悪感を抱いていることをディランが知れば，ミッシーのもとを去るだろうとわかっていたのです。

ミッシーは，入信の可能性のある新しいパートナーとして，セクトに紹介されました。そして，ディランと並んで集会に参加し，祈りを捧げ，指を組んで歌い，経典の勉強会では眉間にしわを寄せてノートをとりました。

「私がノートに書き留めていたのは，『なんてこと！』とか『ふざけてるの？』とか『冗談でしょ』って言葉ばかりでした。ほかの人に近くで見られたらまずいことになっていたでしょうね。『嘘ばっかり』とか『聖書と大違い』とか書いてあったんです」

幸い，誰も彼女のノートをのぞき込むことはありませんでした。信者たちはほかの新入りと同じように彼女を扱いました。ディランも今になってようやく，ミッシーの計画を知りました。

「彼女は学ぼうとしているようでしたし，深い愛情と前向きな言葉で溢れていました。僕たちはいろんな行事に参加しました。ところが，ミッシーが突然，学ぶのをやめたんです。まるで水道の蛇口をきゅっと閉めるように。僕に愛の力を知らしめるために，わざとそうしたんです」

ときには，セクトが決めたおかしなルールに対して，ミッシーがはっきりと異議を唱えることもありました。

「年長の信者たちは，セクトの子どもたちをほかの子どもたちと一緒にスポーツさせちゃいけないって言うんです。『どうしていけないの？　信者だけのコミュニティなんてまるでカルト集団よ』と反論しても，ディランはただ『カルトじゃない』と答えるばかりでした」

「たいていは耳を貸さないか，気にしないようにしていました」とディランが言います。「頭の隅に追いやって，考えないようにしていたんです。意識改革の計画は，きっと彼女が思っていたよりも時間がかかったでしょう」

髪型が変わり，季節は移ろいました。二人は子宝にも恵まれました。ミッシーは新たに終末期医療の仕事を始めました。信者に囲まれて暮らした数年間，くる日もくる日も入信を考えているふりをして過ごしました。そしてときおり，ディランの頭に脱会の二文字がよぎってはいないかと，さりげなく確認しました。

「『布教が必要な田舎へ引っ越した人もいたけど，私たちも子どもたちを連れて中央アメリカへ行くのもいいわね』と言うと，『いいね！　中央アメリカへ引っ越したいな。一年くらい暮らしていけるお金はあるさ』なんて言うんです。私は心の中で『まったくもう！』と落胆しました。私は何も中央アメリカへ布教に行きたかったわけじゃない。彼の気持ちの変化を知りたかっただけなんですから」

愛する男性を助け，現金が詰まったスーツケースを持って逃げる華麗な二重スパイのように聞こえるかもしれませんが，それは簡単なことではありませんでした。

「ディランに連れられてセクトの集会に参加し，私は三日間泣き続けました。集会の話は心をかき乱します。ショッキングな話ばかりで，涙が滝のように頬を流れました」

あるときは一人の女性が登壇し，セクトを去る決断をした息子について話しました。

「彼女は息子と話ができずとてもつらいけれど，我が子を亡くしたと考えればいいと発言しました。私は椅子をガタンと鳴らして立ち上がると，集会場から出ていきました。世界には本当に子どもを亡くしてしまう人だっているのです。信者らは彼女がまるで聖人であるかのように話していました。私はそれが不快で仕方がありませんでした」

ミッシーは信者たちに対して親切に振る舞うよう心がけました。それが戦略だったのか，自分の性格からだったのか，彼女自身もわかりません。ミッシーは，友人の引っ越しを手伝ったり，病人に冷凍食品を届けたりしたいと思うような人なのです。ミッシーにも，セクトの中に本当の友人と思える年長の信者がいました。マシューという親切な年配の男性で，彼の家族はミッシーがつくるピンクのレモネードとカップケーキが大好きでした。マシュー家のパーティーに彼女がカップケーキを持参し，子どもたち同士を遊ばせるのがささやかな習慣になりました。「彼のことを本当に大切に思っていました」と，ミッシーは少し悲しそうに言いました。

しかし，ほかの年長の信者たちは，集会で突然立ち上がって途中退席するようなミッシーの振る舞いを，簡単に水に流してはくれませんでした。そして，数年経っても入信の「意志」が見えないミッシーに対し，信者らは歓迎ムードから一転，冷ややかな目を向けるようになりました。

ディランの両親も敬虔な信者で，息子が信者でない女性と家庭を持つことを快く思っていませんでした。ミッシーが予期せず流産したとき，ディランの母親は「これでよかったのよ」とまで言ったそうです。

「私たちは7年も一緒にいるんです」とミッシーが笑います。「つまり，ディランの両親は7年も私たちを別れさせようとしているんですよ」

「大変なのにどうしてあきらめなかったのですか？　ディランが考えを変える兆しはほとんど見られなかったんでしょう？」私は踏み込んで尋ねてみました。

立ち去ることもできたはずの遠い昔を思い出すように，長い沈黙が流れました。

「私は人々の人生の最も暗い時期に何度も立ち会いました。病院で最期を迎える人たちに寄り添う時間は，私にとっても重要な時間です。私は彼らにずっとそばにいると約束しました。一人にはさせないと。私は約束を守ります。セクトではつらい日々を過ごしました。何でもなかったなんてごまかすつもりはありません。人にあれほど嫌われたのは人生で初めてでした。でも結婚するとき，私はディランに，ずっとそばにいると言ったんです。私は彼に約束したんですよ」

しかし，ディランの気持ちになかなか進展は見られませんでした。ミッシーが意識改革を試みてから5年経っても，ディランの心は脱会からほど遠いところにありました。今思えば，その理由は明らかです。ミッシーは，ディランが「何を」信じているかに注目していましたが，ディラン本人が重視していたのは，「誰を」信じるかだったからです。これはある意味，当然のことと言えるでしょう。あなたに何かを伝える人がいない限り，信じることができないのですから。ルビコン川での歴史的事件［訳注：大軍を率いたユリウス・カエサルが「賽《さい》は投げられた」と叫んで川を渡った出来事］は歴史学者による証言によるものだし，前日の会議の内容は，同僚の証言によって知り得たものです。ディランとミッシーの話だって,私の証言でしかありません。しかし，ディランにとって，年長の信者が語る内容はさほど重要ではありませんでした。それよりも年長の信者の言葉を信じる信頼の方が重要だったのです。だから，ディランはそもそも彼らの言葉への信用をなくす必要はありませんでした。彼はただ，彼らへの信頼を捨てればよかったのです。

ミッシーとディランが結婚６年目に入った頃，マシューの体調が芳《かんば》しくないように見えました。セクトで唯一の良心とも言うべき，ミッシーのカップケーキとレモネードが大好きだったあの年長の信者です。

「マシューが登壇して話をしていたんです。心臓発作の兆候がはっきりと見てとれました。集会が終わるのを待ち，私はマシューの奥さんを探しました。おせっかいなのはわかっていました。でも，私はマシューのことが大好きでしたから。奥さんを見つけて尋ねました。『最近マシューが体の不調を訴えたりしていない？　心臓が弱っているようだけど』。すると奥さんは,マシューがこのところずっと忙しく，ひどく疲れるとこぼしていたと言うんです。私はお医者さまに診てもらうよう勧めました」

ほかの誰もマシューの異変に気づいていませんでしたが，ミッシーの予感は当たりました。マシューの心臓は急性の発作を起こしたわけではなく，心室ブロックの症状が静かに進行していたのです。

「お医者さまには，すんでのところで命拾いしたと言われたそうです。早期に受診したから,心臓発作を回避できたのだと。ねえ,ディラン,マシューがあなたに『ミッシーの観察眼は鋭い』って言ったんでしょう？」

ミッシーのおかげで，マシューは一命をとりとめました。妻子を残して先立つわけにはいきませんでしたし,突然死にはまだ早い年齢でもありました。マシューは大ごとにならないよう，慎重に年長の信者の務めに戻りました。ミッシーとディランも,マシュー家とこれまで通りのつき合いを再開し,カップケーキを焼いたり，お互いの家を行き来したり，その日の集会について話したりしました。ミッシーとディランは，それまで以上に深い絆でマシューと結ばれていると感じていました。死の運命をともに乗り越えた者として。

ディランは相変わらず信仰を続け，ミッシーはセクトの教えを受け入れるふりをする日々に戻りました。

それから数カ月後，ディランのもとにマシューから思わぬ電話が入りました。

「ミッシーは何をためらっているのか，なぜ入信しないのかと尋ねられました。そしてマシューは，ミッシーが信者にとって危険な存在だと言いました。ミッシーが何か悪いことでもしたのかと尋ねると，彼女がとてもいい人で好かれているからこそ，信者にとって危険因子になるのだと言うのです。マシューは，ミッシーが経典の勉強を再開しないなら，家族を含めて今後一切，私たちとのつき合いをやめると言いました」

ミッシーが口を挟みます。「マシューは『妻か神かどちらかを選べ』と言ったんです」

「妻は数年にわたってとてもよくしてくれました。病気の人がいれば食事を用意するなど，見返りも求めず，格別の努力を続けてくれたのです。私たちには到底できることではありません。マシューにもそう話したのですが……」

ディランにとってこの出来事は，強烈な光を放つターニングポイントとなりました。私はディランの憤りを正しく理解したいと思いました。

「ミッシーが命を助けた人でしょう？」

「命を救ったとは思っていません」とミッシーは言いましたが，ディランは同調しませんでした。

「僕はそう思っているよ」と彼はきっぱりと言いました。「少なくとも心臓発作は未然に防いだと。それなのに電話であんなことを言うなんて……。あのときの会話が僕の考え方を完全に変えた。電話があったのはたしか月曜の夜で，水曜の集会が僕にとって最後の集会になりました」

電話でマシューと話した夜，ディランは生まれて初めてインターネットでセクトのことを調べました。

「元信者のユーチューブやオンラインコミュニティがいくつも見つかりました。それまで僕は，彼らが現信者を傷つけようとしていると教えられていました」

「調べ始めたときは，胃がひっくり返りそうだって言ってたわ」とミッシーが言います。
「僕には元信者がでたらめを言っているようには思えなかった。彼らはセクトに縛られていた僕たち信者を，心から救いたいと願っていたんです」
「ディランはトイレに長時間こもり，スマートフォンで熱心に調べていました」とミッシーが振り返ります。「私は『しめしめ，その調子！』と，心の中で喜んでいました」
それから丸二日，ディランはありとあらゆる情報を集め，心に浮かぶ疑問を受け入れ始めました。世界の終末の時期が修正されたのは一体全体なぜなのか。年長の信者は株や債券を所有できるのに，ほかの信者が同じことをすると狂信的行動だと非難されるのはなぜなのか。徹底した排斥が信者にどれほどの苦痛を与えたか。オーストラリアの国立委員会の性的虐待調査により，小児性愛犯罪で告発された信者に対して，セクトが適切な措置をとっていなかったという事実も知りました。ディランの中で，信仰への信頼がガラガラと音を立てて崩れました。
ディランが疑問を抱き始めたことをミッシーに伝えたとき，彼女は落胆して見せるのではなく，素直に反応して見せました。
「僕が置かれた状況は特殊でした」とディランが説明します。「ミッシーは外部の人間でしたから……ほかの信者たちとは状況が違っていたんです。セクトから隠れたり，妻の考えを変えたりする必要がありませんでした。唯一の気がかりといえば両親でしたが，いずれ関係が絶たれるだろうと覚悟はできていました」
マシューとの電話の二日後，ディランは最後の集会に出かけました。
「ミッシーから信者がいつも一本調子でしゃべっていると聞かされていましたが，私にも初めてその意味がわかりました。座ったまま周囲を見回すと，ロボットに囲まれているような気分になりました。映画の中にいるような感覚です」
「少しずつ変化が訪れたわけではなかったのですか？」私はディランに尋ねました。
「いえ，気持ちが突然ぴたりと止まりました」
ディランは家に帰り，ミッシーに脱会したいと告げました。二人は記念に写真を撮りました。晴れやかな顔で肩を並べて。ディランはなくなってしまいそうなほどに目を細めて笑っています。ディランは，ネットで見つけたセクト脱会者のフォーラムに，その写真を投稿しました。「僕の妻は僕の世界の中で一番美しく，一番才能に溢れた人物です」とコメントを添えて。

ミッシーが実は信仰を受け入れていなかったと知ったとき，裏切られた気分にならなかったかと，ディランは人々によく尋ねられます。

「ミッシーから信仰していた頃の様子を聞かされたりすると，僕は今でもいたたまれない気持ちになります。でも……彼女はすばらしい人間です。セクトがカルト集団だと知っていながら，私を愛し，救おうとしてくれました。彼女は以前，僕にこう言ったんです。『いつかあなたが喫煙などの問題を起こし，ほかの信者に無視されて，仲間をみんな失うかもしれないけど，どんなことがあっても私を失うことだけはないわ』」

もちろん，急展開のように見えるディランの変化も，実際には数年にわたって起こっていた変化だったのかもしれません。ミッシーから湧き出た疑念や問いが，ディランの意識の奥底で溶岩のようにぶくぶくと泡立ち，やがて火山が爆発するように一気に噴き出したとも考えられます。小説家ヘンリー・ジェームズの兄として知られる哲学者で心理学者のウィリアム・ジェームズは（弟との比較に辟易していたでしょうが），アメリカで初めて心理学の講義を行った人物で，その学者人生を「信念の転向」の瞬間における心理の探求に捧げました。自身も信仰心が深く，宗教的な転向に大きな関心を持っていましたが，亜硝酸アミルやペヨーテ（幻覚作用のあるメスカリンを含有するサボテン科の植物）など，意識変容を起こす物質についても研究し，「亜酸化窒素［訳注：笑気ガスとしても知られる］を使用したときだけはヴィルヘルム・ヘーゲル［訳注：ドイツ観念論を代表する哲学者。難解な文章で知られる］が理解できた」と笑える発言をしています。「宗教的経験の諸相」と題した1901 ～ 02年の講義では，突然のように見える啓示も，実は唐突に起こったものではない可能性があると考察しています。私たちの目には「瞬時的」な転向に映っても，実際は「意識下で培養」され，「潜在意識の領域の外でつくり上げられた概念が爆発して平常の意識に現れた」のかもしれないというのです。

これがはたして正しい説明なのか，ディランには判断できません。平常の環境では「潜在意識」に触れるのが困難ですが，ディランの置かれた状況はまったく異常でした。ディランは意識改革以前の「気持ち」をなかなか思い出すことができません。事実は覚えているのですが，信者としての感情を思い起こすことができないのです。当時の自分のことを一人称で語ることができないような感覚です。意識改革によって切り離されたかつての自分は，もはや行動や証拠の痕跡からしか感情を推測できない「その人」なのです。

ジェームズの理論がディランの改宗の瞬間に当てはまるかどうかはともかく，マシューからの一本の電話が，絡まり合ったすべての糸をバラバラにほどいたと，ディランは考えています。

「セクトの教えに対する考えよりもまず，人に対する考えを変える必要があったようですね」と私は彼に言いました。

「まったくおっしゃるとおりです。そして，人への信用を失うことは，教えへの信頼をなくすことよりも深く心を傷つけます」

しかし，私たちはまだ重要な問いに対する答えにたどり着いていません。ディランの信念体系における重大な過ちとは何だったのか。

私はこう思うのです。

すでにお話ししたように，他人の言葉を信じるのはごく普通のことです。情報の伝え手のことを信じているのだから当然です。その必要最小限の条件とは，その人たちが自分よりも多くの証拠を手にできると考えることです。知らない土地で駅までの道を教えてくれた人や，ワクチンの情報を提供してくれる免疫学者，深海の様子を伝えてくれるダイバーの言葉を信じるときのように。

しかし，ディランの信念構造では，そうした最低限の条件もクリアせずに，誰かの言葉を信じていることがわかります。この場合，ある人物が自分よりも多くの証拠を手にしていることよりも，自分にはない特性や能力や論理的思考力を備えていて，自分よりも信念の構築システムが優れていることが重要なのです。

他人の言葉をこのように受け止める場合，信頼性の範囲に限界はありません。大学教授をはじめとする教師たちのもとには，人間関係や進路，政治観についてアドバイスを求める学生が次々とやってきます。彼らはまるで，一つの分野に精通した者は，ほかのあらゆる分野の知識も網羅していると思い込んでいるようです。デューク大学で教鞭をとる行動経済学者のダン・アリエリーは，高校生のときに全身の70％以上に熱傷を負いました。彼は著書『予想通りに不合理：行動経済学が明かす「あなたがそれを選ぶわけ」』の中で，女子学生が二人のボーイフレンドのうちどちらを選ぶべきかと，アリエリーにアドバイスを求めにやってきたことに触れ，「人々が私をそれほど信頼していることにしばしば驚かされる」とし，「私が体に傷を負い，明らかにトラウマを乗り越えてきたとわかるからだろう」と分析しています。

はたしてそれが本当の理由なのでしょうか。熱傷がアリエリーに洞察を与え，どちらのボーイフレンドを選ぶべきか答えてくれるなどと，学生が本気で信じているわけがありません。学生がアリエリーのもとを訪れるのは，彼に魅力があるからです。彼自身はやけどの跡のせいだと言うかもしれませんが，第三者である私に言わせれば，親しみやすく，穏やかで，やや皮肉っぽい彼の論理的思考力に頼り，自分にはないジレンマの対処法を教示してもらおうと，学生たちは相談にやってくるのです。恋人選びに悩む女子学生にとって，アリエリーは賢者です。彼女の望みは，与えられた情報を賢者に手渡し，賢者が導き出した答えを信じることなのです。

これは必ずしも悪いことではありません。細部を観察したり，さまざまな値を比較検討したり，客観的かつ論理的に診断したりと，専門性が垣間見られる人に万能性を求めること自体は，別段おかしなことではないのです。私たちの多くは，他者を信じることによって形成され，成長してきたのですから。

とはいえ，私たちとディランとのあいだには違っている点が一つあります。私たちが自分よりも「賢い」と考える祖父母や先生の言うことを信じるときには，自転車と「補助輪」のような構造が働きます。彼らは私たちの「補助輪」として，当面は手を添えて安定するよう助けてくれますが，将来的には自分で前へ進むことを許容──むしろ奨励──します。私たちにとっての本当の賢者は，独り立ちする私たちの姿を見て喜んでくれます。親（良い親）は幼い子どもの信念を形成する最初の重要な手本となりますが，子どもが年頃になると，自分で優先事項や価値観を決められるよう背中を押します。信頼するロールモデルが本当の賢者なら，私たちが彼らの言葉以外の論理を排除することなど望まないでしょうし，自分が世界について考える唯一の手段，あるいは唯一の居場所でありたいとも思わないでしょう。

しかし，ディランの場合は違いました。補助輪を外してはならないと教えられていたのです。ディランは，セクトの年長の信者や経典の指導者が自分よりも優れていて，知恵が深く，正しい情報を持っているものと思い込んでいましたが，それは彼らがより多くの証拠を手にしていたからではなく，彼らがいなければ自分は真実を知ることができなかったからです。これは彼らがつくり上げた真理の構造です。「知恵を授かった唯一の者」である彼らの言葉は，ディランにとって選択肢の一つではなく，唯一の選択肢でした。神に選ばれた彼らだけが，特別な性質と能力を持ち，真実の証拠を手にすることができるのです。ディランは幼い頃から，自分で出した結論はいつも情報が不足しているのだと教え込まれてきました。彼らはディランの知恵を奪って都合の良い主張を押しつけ，彼自身の真実を知る能力を他者の言葉に従う意志にすり替えたのです。

ディランがセクトに反論すれば，反論した事実こそが論理的思考力に欠けている証明だと非難されたでしょう。セクトは経典を自己解釈することすら許さず，元信者の信用を地に落とすために，彼らがセクトから去ったという悪を強調します。自分で考えたいという欲求は，そのような教えを信じてはいけないと悟るきっかけになります。

このような信念構造の当然の結果として，「思考力の低い」人たちがその教えにのみ込まれ，さらに厳しい罰則や排斥によって体系がより強化されます。ディランは20才代前半の頃，飲酒と喫煙をほかの信者に見つかり，軽度ながらミッシーの母親と同じ排斥の罰を受けました。セクトでの居場所を取り戻すためには，十分に反省し，上層部の許しを請う正式な手紙を何通も提出しなければなりません。集団無視の状態がしばらく続き，家族でさえ彼と話すことは許されませんでした。スーパーでばったり出会った親友も，一言も交わさずに踵《きびす》を返して歩き去ってしまうのです。こんなやり方は信念体系として正しいのかと疑問に思うこともなく，ディランはセクトのルールに素直に従いました。彼は必死で許しを乞う手紙を何通も書きました。「少しくらいいいだろう」という独断的な行為に払ったその代償を思えば，「自分の力では論理的に考えられない」という教えをあっさり受け入れたとしても不思議はありません。セクトのコミュニティで生きていく限り，彼が論理的

である —— あるいは自分でそう思える —— ための唯一の方法は，年長の信者の考えと行動にならうことでした。

ミッシーがいくら意識改革のための議論や証拠を示しても，ディランの心が動かなかったというのも納得できます。海に浮くことはできないと信じ込んでいる人に，浮き輪を投げ入れても意味がないのです。

ディランは私たちより思考力が劣っているわけではありません。認知力に欠陥があるわけでも，妄想的なわけでもありません。彼はただ，聞かされたことを信じ，自分よりずっと博識な人がいることを認めるという，ごく普通のやり方で生きてきました。その生き方に問題はありません。問題なのは，彼が信じてきた人たちのうち誰一人として，自分で結論を出すよう彼の背中を押さなかったこと，あるいは彼自身にその能力があることを教えなかったことです。他人の言葉は，私たちにより広い知識を与えてくれるものであり，決して信じることを強要し，服従を正当化するものではありません。

セクトに近親者を奪われた人たちやディランにとって救いなのは，信頼性が浸透するのなら，破綻もまた浸透するということです。ドミノをどちらの方向にも倒せるのと同じです。ディランは，マシューら年長の信者が自分より知恵があり，あらゆることに精通していると信じて育ちました。しかし，そのマシューが，ミッシーを信用できない危険人物だと言いました。自分がよく知るミッシーの優しさや誠実さ，愛情の深さに完全に矛盾するその発言を聞き，ディランはマシューも間違いを犯すこと，そしてディラン自身も自分で答えを見つけられることを知りました。ミッシーは子どもを育て，死に直面した人たちに寄り添い，セクトのルールを破って排斥の罰を受けたディランの味方でいてくれました。年長の家族をかいがいしく世話し，たとえ信者たちから疑いの目や敵意を向けられても，親切心とクッキーを携えてセクトのコミュニティと向き合いました。ディランには自信がありました。ミッシーは善人で，マシューの方が間違っているのだと。「みんながどうしてミッシーを必要としないのか単純に不思議でした」とディランは言います。「こんなに誠実な人を必要としないなんて」。マシューがミッシーの本質を見誤ったのなら，神についても，また万物の本質についても，どうして彼の言葉が間違っていないと言い切れるでしょう。

もちろん，すべての人にミッシーのような存在がいるわけではないでしょう。ディランもまた，自分より知恵がある年長の信者の意見に従い，ミッシーに不信感を持つようになっていたかもしれません。イアーゴー［訳注：シェイクスピアの『オセロ』に登場する人物］のように悪魔のささやきを聞き入れ，伴侶への信頼を失って長い結婚生活が終わりを迎えることもあるのです。しかし，私たちはそれぞれ，他者に従属する体系に抵抗できる独自の信念を持っています。私たちはその自信を武器に，疑わしい信念を植えつけようと目論む者に反撃し，その者の信念を揺るがすこともできるのです。

ディランはセクトを出ました。何にも「属」さない自由の身になったのです。

その後の数カ月，ディランの足は鉛のように重く感じられました。まるで，これまで犯してきた過ちの重さを一日中引きずって歩いているような感覚でした。彼はもはや世界の終末が近づいているなどと信じてはいませんでしたが，それでも胃を刺すような不安が消えたわけではありませんでした。彼はもう「天」から彼を見守る存在を信じてはいませんでしたが，祈りへの本能が消えることはありませんでした。背教や飲酒や医療行為を禁止する教えを捨てたはずなのに，元信者が投稿した動画などを見ると，手のひらが汗でびっしょりになりました。水にぽとりと落とした黒いインクのように，罪悪感が胸の中に広がります。彼はわけもなく泣きたくなりました。年長の信者のことを考えただけで，脈が速くなるのを感じます。彼は，死にたいとさえ考えるようになりました。

「僕は生まれて初めて，自分が完全に無知なのだと感じました。信じるものを失った今，自分はこれからどんな人間になっていくのだろう。これからも善人でいられるだろうか。妻や家族にとって価値のある人間でいられるだろうかと悩みました」

それでもディランは，瓦礫《がれき》の中から少しずつ自分自身を拾い上げ，価値体系を取り戻していきました。彼は信者たちの脱会の手助けを始めました。元信者のオンラインコミュニティを通して，セクトの友人たちに自身の体験を発信し，外の世界でも充実した生活が送れることを伝えています。これまでに知人3名が，ディランとミッシーの手引きでセクトを脱出しました。ディランのオンライン動画には数百人の視聴者からコメントが寄せられ，脱会に関する質問も書き込まれています。

ディランはこれまで信仰に傾けてきた心と愛情を，妻と子ども，そして新しいコミュニティに注ぎました。犬も飼うことにしました。両親はまだセクトに残っていますが，父親はセクトの教えに対するディランの疑念に耳を傾けるようになりました。

過去のミッシーや現在のディランのように，事実を用いて愛する人の説得を試みても，互いの価値観が違っていれば，伝えた事実は説得力を失います。そのような場合は，盲目的な信頼によって信念が操られていないか，信頼関係がエスカレートしていないか，証拠を手に入れる権利が奪われたり，自分で考えることを禁じられたりしていないか，質問することが無礼な行為とされていないか，信じないことが知性の堕落とされてはいないか，また，「極秘」情報をエサに従属の構図が出来上がっていないかなど，状況を見極めることが大切になるでしょう。

他者の言葉が情報の基盤となることに哲学的な反論を考察する際，私はしばしば人間が互いに学び合う関係と連帯に感銘を覚えます。人生のほとんどを知性と心の哲学の研究に捧げたギルバート・ライルは，C・A・J・コーディが証言についての著作で「私はどのように知り得るか」ではなく，「私たちはどのように知り得るか」と問いかけた点を高く評価しています。私たちはお互いのことを，物事全体を機能させるために重要な何かの源泉であると認め合わなければなりません。その重要な何かが知識なのか，権力なのか，自分で考える力なのかはわかりませんが，知識のやり取りの根本は相互認識なのです。

うまくいけば，イギリスの哲学者エドワード・クレイグが社会認識論の著作で語ったような，「ある共通の目的に突き進む二人だけが味わえる独特の状況」が実現するかもしれません。しかし，そのような現象を従属の道具として悪用する者もいます。真実を知る唯一の者として，その者を頼らなくては生きていけない状況を演出し，「思考力の低い者」に自らの力だけでは真実をつかめないと思わせるのです。それは，私たちの思考に対する侮辱であり，さらには良心に対する侮辱でもあります。近親者が自尊心を踏みにじられるような状況に囚われたとき，課題となるのは，彼らの信念を覆すことではなく，その信念を生み出す従属体系を打ち砕くことです。

だからといって，教えられたことをただ信じただけの彼らを叱っても始まりません。彼らはとてつもなく不運だったのです。信念という名の格子の中に囲い込まれ，言われたことをすべて信じるうちに，いつの間にか自分を守ってくれていたはずの格子が，自分を絞め殺す木のつたに姿を変えるのですから。アマゾンの熱帯雨林に生えるその木を見たことがあるなら，私の言わんとしていることがわかるでしょう。ニシキヘビが絡み合ったように波打つ太いつたが，どんなに堅い木も強く締め上げ，幹の表面をでこぼこに変形させてしまうのです。世にも恐ろしいそのつたをほどきたいのなら，木のそばでやみくもに叫んでも意味がないでしょう。

ディランの父親は，ディランがセクトを去ってから見つけた動画などの素材を一切見ようとしません。彼はそれを背徳の資料と呼び，ディランがセクトについて議論をしたいときは，経典のみを使うことを条件にしています。それでも私は，ディランに尋ねずにはいられませんでした。「将来，ご両親の考えが変わることはあると思いますか？」

永遠のような沈黙が流れました。冷え切った空気の中，私が投げかけた問いが，宙に浮かんで答えを待っているような。そよ風の中，2羽のワシが，刃のように輝く翼を傾けて飛んでいきます。

「わかりません」とディランが口を開きました。「でも，ときどきそうなるような気がしています」

第3章

希望が叶うまで自分を騙すこと，あるいは自分が誰かを忘れること

私たち誰もが自分の「物語」をつくり上げ，その世界で生きている。その「物語」こそが私たちのアイデンティティであり，私たちそのものである。

——オリヴァー・サックス

現実主義者が物語に頼っている姿ときたら，昼食から夕食に至るまで，嘘ばかりの見せかけ。

——ヴァージニア・ウルフ

アレックスが自分自身について意識改革を体験したのは，ドアマンとして働いていたときでした。いいえ，本当のドアマンではなかったと言うべきかもしれません。彼がそう振る舞っていただけだと。

時間を少し巻き戻しましょう。

すべての始まりは2000年，イギリスの公共テレビ局チャンネル４でのことでした。人々が「リアリティ番組」という新しいジャンルに戸惑っていた頃，『ビッグ・ブラザー』［訳注：男女十数人の共同生活をありのまま放送するオランダ発のリアリティ番組シリーズ］は２カ月前に放映が開始されたばかりで，元祖『アイドル』シリーズの『ポップアイドル』は，まだ企画の段階にありました。ベロアのセットアップに身を包んだキム・カーダシアンが，パリス・ヒルトンの衣装管理担当者として『ザ・シンプルライフ』に登場するのも数年先のことです。当時のリアリティ番組は，現在のものとはまったく別物でした。ソーシャルメディアはまだ存在せず，『ブライダルプラスティ』や『ジャージー・ショア〜マカロニ野郎のニュージャージー・ライフ〜』といった番組も放送される前で，テレビの視聴者はまだ，生々しい恋愛模様やリアルなストーリー展開の洗礼を受けていませんでした。

その時代には，普通の人々をちょっと変わったシチュエーションで撮影する番組が続々と生まれました。『ビッグ・ブラザー』は，一つ屋根の下で過ごす男女の様子をありのまま放送しました。『家族で体験　1900年の生活』も，同じく屋敷で暮らす家族の日常を撮影するのですが，現代的な技術の使用は一切禁止されます。かつてアルフレッド・ヒッチコックは，サスペンスを撮りたければ，二人の登場人物のあいだに爆弾を仕掛け，天気の話をさせておけばいいと語りました。初期におけるリアリティ番組のフォーマットも，天気の話をする人たちの姿を撮影して放送し，それを観た視聴者が自分で爆弾を見出すというものでした。観る者を夢中にさせる究極の緊張は，何でも起こり得る日常生活にあります。お約束の展開も，ありがちな物語進行もないので，何となく結末がわかってしまうこともなく，リアルな失敗や精神崩壊が見られる保証もありません。そのような場面が映し出されたとき，それを面白いと思ったとしたらどうでしょう。リアリティ番組は，半分がエンターテインメント，半分が心理戦という奇妙な新ジャンルであり，それゆえに出演者のみならず，視聴者も当事者の気持ちで参加するのです。

これから紹介するエピソードの生みの親は，イギリスにおけるリアリティ番組ブームのキーマンであるスティーヴン・ランバートとマイク・ワーナーです。番組の制作総責任者を務めるスティーヴンは，どことなく犯罪捜査官のような雰囲気ですが，ディレクターのマイクは，どちらかというと犯罪者に近い風貌です。ともにスキンヘッドと人間の本質を見抜くような鋭い目が印象的で，それぞれ有名なリアリティ番組を手掛けてきました。ランバートは『ワイフ・スワップ』『アンダーカバー・ボス～社長潜入調査～』『シークレット・ミリオネア』『ゴグルボックス』などを制作し，ワーナーは『マイ・ビッグ・ファット・ジプシー・ウェディング』や，変身リアリティ番組『100％ホッター』の指揮を執っています。光と闇を絶妙なバランスで捉えたすばらしい番組をつくるランバートとワーナーは，テレビ界のマーク・ロスコ［訳注：アメリカのロシア系ユダヤ人画家。自らの名を冠した「ロスコ・スタイル」という技法を確立した］と言ってよいでしょう。

ランバートは，2000年に『フェイキング・イット～人間改造なりきりゲーム～』という番組を手掛けることになりました。番組の内容は単純なものでした。馬術士，スキンヘッドの男性，労働者階級の住宅塗装業者など，ステレオタイプな参加者がアイデンティティと対極にある技能を身につけ，ボクサー，交響楽団の指揮者，インスタレーション［訳注：室内や屋外にオブジェなどを置き，空間全体を作品とする現代美術の手法］のアーティストなどを目指します。番組の出演者は4週間で技能を磨いたのち，プロが集まる本物のイベントで実演し，その道の専門家に偽物と見破られなければ成功です。ランバートはこの番組を現代版『ピグマリオン』［訳注：ジョージ・バーナード・ショーによる戯曲で舞台ミュージカルおよび映画『マイ・フェア・レディ』の原作］と考えていました。『ピグマリオン』は結末がわかっていますが，リアリティ番組では出演者が全国放送で恥をかかないかと，視聴者は毎週ドキドキしながらなりゆきを見守ります。その番組の第1話が，ワーナーがディレクターを務めたアレックスの回でした。

肘当てつきのジャケットに身を包んで現れたアレックスは，イギリスの上流階級家庭の跡取り息子でした。年齢は20才で，いかにもオックスブリッジ［訳注：オックスフォード大学とケンブリッジ大学の併称］のエリートといった雰囲気です。バートランド・ラッセルが気取ったレザージャケットを着込み，アームチェアにゆったりと座って煙草をくゆらせても，育ちのよいアレックスの気品には到底かなわないでしょう。アレックスが番組で自身の姿をお披露目した場所は，家族と暮らす田舎の邸宅でした。彼は周辺を案内し，愛馬のロジャーを紹介しました。

番組がアレックスに与えた課題は，UEFA（欧州サッカー連盟）主催の欧州選手権2000年大会（EURO2000）期間中に，ロンドンで人気のナイトクラブでドアマンとして警備にあたることでした。クラブのドアの前に立ち，酔っぱらったサポーターの入店を断らなくてはなりません。毅然とした態度で客をおとなしくさせなければ，殴りかかられる可能性だってあります。身長170cm足らずで，アスリートにはほど遠い体格のアレックスにとって，これはかなりの難題でした。それに，柔らかい物腰もマイナスポイントでした。エリートらしい歯切れのよい子音の発音と人懐っこい目は，騒々しいパブやサッカーと無縁の人生を送ってきたことを物語っています。それでもアレックスは前向きでした。着替えをカバンに詰めて，ボーイフレンドのクリントンに別れを言い，ロジャーに挨拶を済ませると，人間改造の旅へと出発します。

番組はアレックスの改造のために，3人のアドバイザーを用意していました。キックボクシング王者のトニーと，元警察官で現在はプロの警備員のチャーリー，そしてボイストレーナーのウィリアムです。アレックスは1カ月間，ロンドン東部のハックニー区にある公営住宅の17階で，トニーと生活することになっていました。ロンドン初体験のアレックスは，トニーのアパートへ向かうタクシーの中から，呆気《あっけ》にとられて街並みを眺めていました。
「すごいぞ，なんて都会なんだ。あれはコインランドリーじゃないか。コインランドリーを見るのは初めてだな。マットレスが落ちている！　どうしてマットレスが歩道に落ちているんだ？……こんなネクタイにジャケットじゃバカみたいだ。まったく驚いたな」

タクシーでやってきたアレックスを見て，バルコニーで到着を待っていたトニーとチャーリーは，信じられないといった様子で首を振りました。彼らはアレックスを迎え入れ，家の中を案内します。チャーリーは，ポメラニアンとグレートデーンの戦いで，ポメラニアンに大金を賭けたような気分だったようです。「私たちにとって大変な4週間になるだろう」とチャーリーが予言します。「アレックスにとっても，非常に厳しい4週間になるに違いない」

本当の自分についての意識改革はどのように起こるのでしょう。おそらく「本当の」自分について見つめ直すところから始め，次にそれを否定する段階へと進むのでしょうが，その最初の一歩が難関です。まずは「本当の自分」を見つけなければならないのです。「『自分らしさ』というものを明確に説明できる者にいまだかつて出会ったことがない」と，アイデンティティの概念を研究するイギリス人哲学者のジュリアン・バジーニが書いています。「ほとんどの人は，自分が子どもの頃から大きく変化したと認識しているにもかかわらず，『自分らしさ』はずっと変わらないと主張するものだ」

番組にやってきた当初，アレックスは『自分らしさ』を理解していると考えていました。自分らしさとは，将来も田舎の邸宅で暮らし，乗馬を楽しみ，狩猟に出かけ，休日にはスコットランドへ鮭釣りに出かけることだと。しかし，お察しの通り，その将来設計に思わぬひびが入ります。人間改造ゲームによって，アレックスの意識に変化が訪れ，彼の中の「本当の自分」像が変わってしまうのです。

一体全体どういうことでしょう。どんな合理性の歯車が「本当の自分らしさ」像の意識改革を起こすというのでしょう。私たちがそう信じるのなら，自分自身についての信念も合理的に考えられるものなのでしょうか。

私は直接アレックスに会って確認したいと考えました。

アレックスはオーストラリアにいました。年に10日ほど家族に会いに故郷へ帰る以外は，生活拠点をオーストラリアに移しています。番組が放送されてから20年近く経った今も，出演当時の教養のあるイギリス人らしい話し方は健在でしたが，長いオーストラリア暮らしで母音の発音が少し変化していました。それに，あの愛想のよい柔らかな物腰はどこにも見当たりません。地に足がついていて，承認欲求もありません。私は番組で観た彼のことを理解しているような気になっていましたが，目の前にいるのは私が知っている昔の彼ではありませんでした。

「番組に出て，自分自身について考えは変わりましたか？」私はアレックスに尋ねました。
「はい，完全に変わりました」とアレックスが答えます。「180度変わりましたよ。番組であんな経験をしてから。もはや番組での経験を単なる番組の企画とは考えていません。オックスフォードに戻って4，5週間後にはイギリスを出て，オーストラリアへやってきました。文字通りすべてを捨てたんです。バックパック一つで飛び出してきました」
アレックスはその瞬間まで，事前に準備されたレールの上を走る人生を送っていました。「私立の学校に通って首席で卒業し，オックスブリッジへの道が約束されていました。やるべきことはすべてやりました。一族の跡取りとしての自覚がありましたし，誇りに思っていたんです。しかし，番組が僕の意識に風穴を開け，僕ははたと気づいたんです。『待てよ……すべてのことに別の側面があるんじゃないか。必ずしも誰かの息子や兄や孫として生きる必要はないんだ。僕は……自分を生きればいい』と」
私は，アレックスが番組への参加を決めたのは，そんな体験をひそかに求めていたからではないかとも考えていました。
「いいえ，そんなつもりはまったくありませんでした」とアレックスが否定します。「こんなことになるなんて本当に不思議です……ただ興味本位だったんですよ。番組側は，僕が契約書の点線の上にサインするまで，何も教えてくれませんでした。わかっていたのは『変身を体験できる』ということだけ。軽い気持ちで『やってみるか』とサインしたんです。その結果，あと戻りできないほど遠くまで来てしまったというわけです。僕は自分探しの旅を求めていたんじゃない。自分を見失っていたわけじゃないですから」

このような意識改革では，一体何が起こっているのでしょう。本当の自分という感覚も，ほかの事柄に対する信念と同じ感覚であり，同じように変化が起こるものなのでしょうか。あるいは，自分自身の見方を変えるときに限っては，自分は信念の所有者であると同時に対象物でもあるため，ほかの信念とは違う特別なステップが必要なのでしょうか。
自分自身についての意識改革は，どうすれば起こるのでしょう。説得されれば起こるものなのでしょうか。私のまわりには，意識改革の必要があると思われる人が何人もいます。「本当の自分」という信念に踊らされて「自分」を演じ続けているような人たちです。「愛される価値がない」とか「何もうまくいかない」などと悲観的に物語り，その物語が正しいと証明できるよう行動します。誰もがそんな人に心当たりがあるか，あるいは心の奥底で，自分もそのうちの一人ではないかと不安に思うのではないでしょうか。「これが本当の自分でないのなら，自分は何者になれるのか」という問いに答えられれば，どんなにいいでしょう。

しかし，自己についての自問には「意識改革」の標準的なモデル（自分について何か考えて，それとは違う自分の証拠を見つけるような方法）は，必ずしも当てはまりません。「本当の自分」について信念を持つとはどういうことなのでしょう。そもそも本当の自分とは何なのでしょう。自分の「真実」について考えを変えようとするのなら，その本当の意味をわかっていなくてはなりません。自分の言葉で説明することができない事柄について，自分の考えを――ましてや他人の考えを――変えることなどできないのです。

一つの可能性として，「自己」とは，自分の物語の中心にある存在だと考えられるでしょう。言うなれば，自分のものの見方を通して過去と未来を一貫した物語に統合する内なる語り手です。自分がどのように見えるかという視覚的感覚や，自分がどこにいるかという物理的感覚など，自己のすべての感覚の中で，この「物語る」感覚が非常に重要な役割を担います。自我についての問題を研究する哲学者で脳神経倫理学者のマーヤ・シェヒトマンは，この「物語」について，次のように述べています。

> 私たちは，自分の人生を物語の形式で捉え，その中で生きることによって自己であり続ける。この場合，系統立てた物語は求められず（とはいえ必要に応じて局所的に説明できなければならない），むしろ経験を単独的ではなく，継続的な物語の一部として解釈することが求められる。物語を構築すること，ひいては自己であることは……まず物語の背景を把握し，それに反応するということである。

人はしばしば自我と内なる物語を結びつけて話します。アメリカの映画評論家ロジャー・イーバートの自叙伝『人生について』の扉には，「私は私の人生を描いた映画の中に生まれた」という言葉が刻まれています。自分の物語を聞いてもらえば，本当の自分を知ってもらったような気になります。シドニーで活動するジャーナリストのルチア・オスボーン・クラウリーは，性的暴行から精神的に回復するまでを綴った著書で，「私はこの記憶を意味のある形で人生の物語の中に位置づけた」と述べています。逆に言えば，一貫した物語を伝えられなければ，一貫した自己を獲得する望みが潰《つい》えるともとれます。精神分析学者のスティーヴン・グロスの言葉を借りれば，「私たちはそれらの物語を夢に見て，その症状が現れ，自分でも理解不能な行動をしている自分に気づく」のです。

では，どうすれば心の中で物語ってきた自己の物語の偽りを暴き，正しく書き換えることができるのでしょう。自己を物語る感覚は大切ですが，誰もつくり話を語りたいとは望んでいません。「本当の自分」の事実からあまりにもかけ離れると，内なる語り手は，一貫した自己ではなく，物語を画一化する合理的な語り手になってしまいます。私たちはどうすれば，真実を主張するほかの物語と同じように，自己の物語に手を加える余地をもたせることができるのでしょう。

ここで私たちは最初の問題に直面します。自己についての物語は，ほかの物語とは違い，自ら証拠をつくり上げることができるのです。自分がどのような人物かという内なる物語が，特定の行動をとる動機になる可能性があります。その場合，私たちはその動機に合わせて行動し，その人物像を語る物語を裏づける証拠をつくり出します。そして，物語から生み出された自己弁護の輪が，証拠が蓄積されたメビウスの帯のように，無限に回り続けるのです。私たちの習慣や思考や行動は，内なる物語の産物ではなく，独立した証明のように見え始めるかもしれません。そして私たちは，物語の証拠となる行動の中身をつい確認し忘れてしまうのです。

今のアレックスには，内なる語り手としての自分が，いかに簡単に証拠を改ざんできるかがよくわかります。「まったくその通りですよ」とアレックスはうなずきます。「僕はやるべきことをやり，それが心地よかったんです。だからそれをやり続けようと思ったんですよ」

番組では，参加者が1カ月にわたって揺れ動く自我に苦しむこともありました。ガラージ・ハウス［訳注：ハウスやディスコに分類される音楽の種類］のMCを務めることになった生真面目な弁護士は，とうとう最後まで自分らしくないラップをものにすることができませんでした。特訓が始まってから数週間，友人たちがスタジオについてきて，バギーパンツを穿いた彼のいでたちや，「リズム」を「リディム」と発音する本物のMCの話し方に，ずっと口を開けっぱなしでした。弁護士の彼も含めた何人かの挑戦者は，「柄でもない！」という態度をなかなか辞めることができませんでした。アームズ・レングスの原則［訳注：安全な距離を保って独立した対等な関係を築くこと］は一種の防衛機制です。この行為は「本当の」自分がやりそうにないことなのだと，ウインクしたり笑ったりしてごまかしておけば，「私」の失敗にならずに済むというわけです。

しかし，アレックスは違いました。タクシーの窓越しに初めてロンドンの街並みを見て以降，彼は二度とカメラに向かってヘラヘラ笑って見せることはありませんでした。したたかに酔っぱらったロンドンっ子を目の当たりにしたときも，信じられないという気持ちを一切表に出しませんでした。自分の声が場違いに響いても，安易な自虐に走ったりしません。彼の状況がリアルに表れたのは，初めてキックボクシングの講習を受けたときでした。トニーのジム生はみなあまりにも体が大きく，アレックスと並ぶとハムスターとシャチが戦っているかのようです。そこで，トニーのガールフレンドのベレニスがアレックスの相手を務めることになりました。トニーが二人を向き合わせると，アレックスは「待って。これって本当の打ち合いじゃないよね？」と戸惑いの色を見せました。トニーが「始め！」と合図した0.5秒後，ベレニスの一撃がクリーンヒット。アレックスは猛烈な痛みでダウンします。このとき，コメディドラマの主人公のような大げさな身振りで，恥ずかしさをごまかすこともできたはずです。しかしアレックスは，そうはしませんでした。二人はそのまま戦い続け，ベレニスがアレックスをマットに沈めましたが，アレックスは息を切らして身もだえする自分を隠そうとはしませんでした。彼はただ，そのままの自分であり続けようとしていました。顔を殴られて痛みに耐えるありのままの自分で。

ボイストレーナーのウィリアムの講習では，ロンドン東部のアクセント指導に熱心に耳を傾けました。「トッテンハム」を「トッテナム」と発音するなど，余計な音を削ぎ落とす練習をし，動詞の使い方の違いなども頭に叩き込みました。頭もすっきり丸め，ひざで弾みをつけて軽快に歩くようになりました。24時間，そのキャラクターで過ごすようになり，新しく習得したアクセントでビデオ日記を撮り始めました。

「どうしてそこまで没頭できたんですか？」私はアレックスの意識改革の理由を知りたくて尋ねました。もしかすると，彼は元のアイデンティティからの脱皮をずっと望んでいたのではないかとも考えました。

「いいえ，そんな実存主義的な考えは一切ありませんでした。まったくのなりゆきです」とアレックスが振り返ります。「プロデューサーが三日間のトレーニングを設けてくれたのがよかったんです」。それは短期集中の特訓でした。街で人気のナイトクラブで行われる最終試験が悲惨なものにならないように。「僕は大学やGCSE［訳注：義務教育修了時の全国統一試験］やAレベル［訳注：大学入試に当たる試験］など，『資格証明が絶対』という環境で育ちましたから。1枚の紙を受け取ると，そこには『合格』と書かれていた。その1枚の紙には絶大な威力がありました。自分ならできると自信が持てたんです」

もう一つ大きな助けとなったのは，ある段階でトニーとチャーリーとウィリアムが，アレックスに対して意識改革を起こしたことです。課題と向き合う真摯なアレックスの姿勢に心を打たれた彼らは，男の友情の輪にアレックスを招き入れ，いつの間にか肩を小突き合って笑うような仲になっていました。アーセナルFC［訳注：ロンドンを本拠地とするプロサッカーチーム］のホームスタジアムのスタンドで，サッカーのサポーターについて講義したときには，トニーがアレックスにこう言いました。「俺の隣りに座っているこの男は，先週うちのドアをノックした青年とはまったく別人だよ」。まるで息子を誇らしく思う父親のような表情でした。「プロのドアマンに支えてもらっていたんだ」。アレックスも誇らしげに言います。「やらないわけにはいきませんよ」

しかし，意志の強さだけで用心棒は務まりません。アレックスは本物のドアマンと並ぶと小柄さが際立ち，気を抜くと折り目正しい子音の癖が戻ってしまいました。都会っ子の設定を守っていましたが，20年相当の地元感覚はそう簡単に身につくものではありません。理髪店に行くシーンでは，何も知らない理髪師から「EURO《ユーロ》で一番印象に残っている試合は？」と尋ねられ，アレックスがへまをするんじゃないかと，今見てもひやひやしてしまいます。バーで初めてドアマンに挑戦した夜，トニーはアレックスに，地下に残っている客を閉店前に帰すよう命じます。しかし，アレックスは酔っぱらいのまわりで，「すみません，上のフロアに移動してもらえませんか？」と言いながら，ただおろおろと歩き回るばかりでした。見かねたトニーがやってきて，客に声をかけると，まるで魚の群れのように一斉に移動したのでした。

「なんてバカなやり方だったんだと思いますよ。一歩間違えれば大惨事になっていました。番組では放送されなかった部分もあったんです。ある客が『銃を持ってくるぞ。チビのくせに引っ込んでろ。明日戻ってきてぶっ放してやる』って言ったんですよ。今思えば，十分あり得る話だった！」

ある夜，アレックスはトニーたちに連れられて，人生で初めてストリップ・クラブへ足を踏み入れました。スモークが焚かれ，ヒョウ柄の下着をつけた女性たちがポールダンスをしたり，泡風呂で絡み合ったりする本格的なショーです。クラブではどぎまぎしないよう必死に耐えていたアレックスでしたが，終夜営業のカフェでテーブルについたときは，まるで頭のまわりに鳥が飛んでいるのが見えそうなくらい動揺している様子でした。

「ストリップデビューはどうだった？　間近で見た感想は？」とトニーが尋ねます。

「面白かった，かな……」とアレックスが答えます。

「『面白かった』とは面白いな。まるで本の感想みたいだ」とトニーがツッコミます。

「これまでストリップ劇場に行かなかったのは，その……僕はゲイだからなんだ」

テーブルを囲む彼らの中で，その事実を深刻に考えているのは，どうやらアレックスだけのようでした。

「初日にゲイだと知らされていたとしても，トニーと私は同じように君と接していたさ」とチャーリーが言いました。「これまでだってゲイのドアマンと仕事をしたことはあるからね」

「今は君たちのことを知ってるから，そう言われても納得できる，わかるだろ？　だけど，初日に迎えられたときはわからなかった。目の前に180cmを超える大男が現れてビビッてたんだよ，わかるだろ？　それに，僕は君たちに……」

「俺たちに偏見を持ってたんだろう」とチャーリーがうなずきました。

「ああ，正直言うと，そういうことなんだ」 このシーンは，偽物を扱った番組の中で，本物の優しさが感じられる場面です。しかし，ここで注目すべきは，アレックスが文末に「yeah ？」という語をつけて，「わかるだろ？」と言いたいことを強調している点です。彼のイーストエンドのアクセントは，すでに完璧になっていたのです。

本当の自分についての意識改革とは，内なる語り手が事実により忠実な物語を語ることだというのなら，私たちはその新たな物語の証拠を見つけなければなりません。でも，どうやって？　本当の自分についての真実を理解する方法とは？

ここで問題となるのは，それを調査するための唯一の手段が，調査そのものの結果によって変わる，あるいは存在が危うくなるもの，つまり，私たちの人生の中心に位置する「語り手」であるという点です。では，語り手の代わりを務めるのは？「本当の」自分が何らかの形で自らを物語る，あるいは，自らその存在を納得させるのでしょうか。これは，J・デイヴィッド・ヴェルマンが行為主体性と自己に関する著書の中で述べているように，「まるでウサギが帽子の中から自分自身を引っ張り出すように，奇跡的で逆説的でもある」ことのように思えます。

語り手としての自分という存在に加えて，私たちにはどちらの証拠が本当に重要か，またそれがどのように作用するかを見極める手段が必要になります。自分自身の真実を表す行動や考えや習慣と，社会的圧力や古い物語の産物である行動や考えや習慣を区別しなければなりません。では，どのように証拠を選定すればよいのでしょう。そもそも内なる語り手の信頼性が揺らいでいるのに，自分らしい行動か否かを判断する材料として信用してよいのでしょうか。

問題はすでにややこしく感じられますが，そのほかにもさらに大きな問題があります。「本当の」自分を合理的に知るという問題です。ここまで，古い物語を打ち消す証拠と，新しい物語を支持する証拠は同一であるとお伝えしてきました。古い物語と新しい物語の内容が正反対である場合は，たしかにそのように働くこともあるのです。しかし，一般的に必ずそのように働くという保証はありません。何かに不利な証拠が必ずしもほかの何かに有利な証拠になるとは限りませんし，ある物語の誤りを立証すれば，別の物語の正しさが立証されるわけでもありません。内なる物語を抹消しようとした瞬間，物語が消去されるだけで終わってしまう可能性もあります。内なる物語が「自己」の構築にそれほど重要なら，物語が消え去ったあと，私たちに何が残るのでしょう。物語の狭間に取り残された私たちは，一体何者なのでしょう。

アレックスの最終試験の夜がやってきました。かつてサーカス劇場として使用された2000人を収容するウェストミンスターの巨大ナイトクラブ，ロンドン・ヒポドローム［訳注：2012年7月からはヒポドローム・カジノとして運営］で警備にあたります。EURO2000のイングランド対ドイツの試合が行われたその夜，酒に酔ったサポーターの大群がこのヒポドロームに押し寄せてきました。サポーターたちは，騒々しく叫び，旗を振り，呂律の回らない口でしゃべり，まぶたを閉じまいと必死になりながら，店内へ入れろと粘ります。トニーら指導者は支配人室で，モニター越しにアレックスの様子を見守ります。笑顔の奥に緊張が見てとれます。今夜アレックスが相手にするのは，弱きを助けるような人たちではありません。番組では，アレックスの「対抗馬」として，経験のある4人のドアマンを用意していました。アレックスを含む5人が交代で警備にあたり，全員に順番が回ったところで，実際にヒポドロームでドアマンを務めるセキュリティ・チームの面々に，5人の中に一人だけ偽物がいると伝えられます。

「3番が偽物だろう」

「1番が怪しいと思った」

「1番か3番で迷うところだ」

「3番で間違いない」

アレックスは5番でした。セキュリティ・チームの誰も，アレックスが偽物だと見抜くことができませんでした。指導者たちが喜びの声をあげます。「自分の子どもが初めて歩いたりしゃべったりするのを見るような気分だよ！」トニーは喜びを爆発させました。セキュリティ・チームに，偽物はアレックスだと告げられます。キツネにつままれたような表情を見せる者もいました。「冗談だろ？　本当かい。すっかり騙された。マジかよ……」

何とも痛快な番組です。ストリップショーのあとの告白，お金持ちの坊ちゃんが腹をしたたかに殴られるシーン，そして，見るからに勝ち目のなさそうな弱者の成功。まさに，リアリティ番組版マーク・ロスコのなせるわざです。そこには，苦あれば楽もある日常が描かれていました。アレックスは，すばらしい体験だったとコメントを残し，荷物をまとめてカメラの前から去っていきます。エンドロールが流れ，アレックスの旅は終わりを迎えました。

しかし，電車で故郷へ向かうアレックスを見ていると，番組でのアレックスは演じていたのか，それとも本心だったのかわからなくなります。彼のすべてが，家族とクリントンに別れを告げたあの日とは，明らかに違っているのです。最終試験が終わった番組の終盤で，ボイストレーナーのウィリアムが予見するようにこう言いました。「アレックスは1週間前に演じるのをやめたんだ」

故郷に戻って間もなく，アレックスは元の生活がしっくりこないことに気がつきました。彼はバックパックに荷物を詰め込んで，飛行機でオーストラリアへ飛びました。向かった先は，アリススプリングスでした。砂漠地帯の真ん中にある都市で，鮮やかなオレンジ色の砂が広がり，川床が干上がっているようなところです。「こちらにきてすぐに仕事を始めました。薬物とアルコールの問題を扱う地域の保健機関で働き始めたんです。中央オーストラリアAIDS委員会で，はじめの3カ月は注射針交換プログラムの運営を手伝いました。番組で身につけたことを存分に活かし，うまく対処することができました。自分自身にも自分の能力にも自信を持つことができました」。週に2，3回は，地元のパブでドアマンとしても働きました。オーストラリアでは，生い立ちや背景から解放されて自由に活動できました。誰の息子でもなく，エリート校の同窓生でもなく，ほかの誰にも属していません。「当時は感動したものです。ここでは『ただのアレックス』なんだってね」

肩書のない「ただのアレックス」について，番組に登場した当初のアレックスのようにはうまく説明することができません。彼はイーストエンドのアイデンティティにも，アリススプリングスにも，ドアマンというキャラクターにも執着がありませんでした。「なるほど」と納得できるような単純な表現は見つからず，アレックス本人も明確に説明することができないのです。

「僕はより自分になることができました。向こうよりここの方が，何事にもオープンになれたんです。以前より……高められた。『より普通になれた』と言おうとしたけど，それは違う。ただ，『高められた』と言うべきでしょう」。アレックスはオーストラリアで20年，彼自身が「オーガニックな進化」と呼ぶ暮らしを送っています。

これがアレックスの意識改革で印象的な点です。アレックスが過去の自分は間違いだったと感じ，イギリスでの生活を捨てた瞬間は，単に古い物語を語らなくなっただけであって，新しい物語を構築する証拠を見つけたわけではなかったのです。彼が新しい自我を見出したのは，一から熟考したからでも，「本当の」アレックスの特性を確信したからでもありません。彼はただ，固定概念を捨てて，なりゆきに身を任せたのです。

アレックスは，番組出演当時からの恋人，クリントンと今でもパートナーです。クリントンはシドニーにやってきて，それからメルボルンへ移りました。「奇妙なものです。シドニーでは2週間に一度か二度，誰かが私に気づきました。ロンドンの番組を覚えているんですよ。『まさか，君はあの番組の……？』って。誰かの記憶に残るって，すばらしいことだと私は思います」。クリントンは会社に勤め，友人の子どもたちをかわいがっています。故郷の家族とはしばらく疎遠になっていましたが，今はできるだけ帰省するようにしています。「年1回イギリスに帰って，昔の自分に戻るんですよ」。彼もまた，ほかの誰のものでもない「彼の」人生を生きています。

結局のところ，アレックスの経験からわかるのは，自分自身についての意識改革は，ほかの事柄のような合理的手順で考えることはできないということでしょう。「本当の自分」について「正しい」答えに導かれるかどうかという問いの根底には，間違った概念があるような気がしてなりません。真実は発見されるのを待っている，そして，十分な証拠があればその真実が手に入るという概念です。それに基づいて考えれば，2000年当時のアレックスの中で現在のアレックスが眠っていて，余計な証拠を排除して正しい証拠が見つかったから，本当のアレックスが現れた，ということになります。

もちろん，20年前のアレックスの中に，現在のアレックスはいませんでした。現在のアレックスが彼自身を定義するような性質，優先傾向，物事の見方は，彼の自我が揺れ動いた時期から存在して，発見されるのを待っていたわけではありません。現在のアレックスを形成するそれらの特性は，過去の自分から立ち去る決断によって生まれたものです。アレックス自身，自己について「より真実に近い」確信を抱くようになった経緯について，理論的に説明することができません。なぜなら，彼が探していた真実は，彼の見つけようとする試みが生んだものだから。

見つけられるのを待っている「本当の」自分がいるという裏づけがないのなら，自分探しの旅は難航するでしょう。「本当の自分」探しとは，世界の真実を発見することよりも，自分でアートをつくり出すことに近いのかもしれません。私の好きな作家の一人であるジェフ・ダイヤーは，D・H・ローレンスを描いた『渇望の果てに』という本を数年かけて書き上げました。その執筆中，ダイヤーはローマ，メキシコ，オックスフォードなど，ここではないどこかでこの本を書こうと転々とします。ここは暑すぎて書けない，本を忘れてきたから書けない，腹が立って書けない，何かがおかしい……と。

> この本が，私が書きたかったローレンス研究の厳密な学術書にならないことは残念でならないが，私はそれを受け入れている。なぜなら，将来，書き終えた暁には，私はそれで満足するに違いないからである。どこに違いがあるというのだろうか。ローレンス研究の厳密な学術書になるはずの本が，なるべくして私の記録になるのだ。本書は，私が神経衰弱から回復した記録ではなく，神経衰弱がいかに本書を書き続けるための理由になったかという記録である。

ダイヤーは，書くことを通して，自分が書かんとすることを見つけました。ニーチェと美学を専門とするアレクサンダー・ネハマス教授は，このような経緯では，書き手が書こうと「意図」したものかどうか判断できないと指摘します。作品に着手したときには，どのような作品になるか詳細に説明することができないのです。

おそらく，私たちが正しく知りたいと切望している「本当の自分」というものも同じで，「本当の自分」について自分自身に知らせたいという願いは叶わないのでしょう。出来上がった状態で，辛抱強く掘り起こされて発見されるのを待っているわけではないのですから。それならば，「合理的な信念修正」モデルの確立が難しいというのもうなずけます。

イェール大学の認知科学および哲学教授のL・A・ポールは，出産や人工内耳移植，軍入隊などといった「変容の経験」に関する調査をまとめた著書で，同じような問題を系統立てて説明しています。

> 自分にとって重要な事項を勘案し，将来の自分や選択した経験の結果を想像した上で，人生の選択を自然に直感的に行うのであれば，私たちは決心したあと，本当に知る必要のあることだけを学ぶことになる。

合理性に対する一般的なアプローチに著作で問題提起しているオックスフォード大学哲学教授アミア・スリニバサンは，合理的に決断することが可能かどうかではなく，合理的にアプローチすることが倫理的かどうかを問題の焦点と考えています。スリニバサン教授は，ポールの著作に関する書評で，「これは根深い問題である」とし，「さらには決定理論で解決できない問題でもある。決定理論に問題があるのではなく，私たちが到達する自己をどう評価するべきかという問題の前に，決定理論が沈黙するのである。私たちは常にこの問題に直面し，アルゴリズムは存在しない」と述べています。それならば，本当の自分についての意識改革の課題は，新しい物語に自分自身を合理的に当てはめるのではなく，物語のない状態で一定期間を過ごすということになるのではないでしょうか。自己を一貫した物語として捉えている者にとって，これは恐ろしい発想でしょう。しかし，私はピーター・ゴルディの意見に傾いています。ゴルディは著書『内なる無秩序』で，大変容のときにはとくに，安定した自己の理想は誤りであると指摘しています。

> アイデンティティを決定づける重要な特性を修正するときは，葛藤

や混乱がつきものだ。たとえ精神的な苦痛を伴おうとも，この葛藤や混乱は，価値観の大きな変化や，自分自身を決定づける特性の改革といった，精神的な進歩に重要な役割を担う。マーヤ・シェヒトマンが主張するような物語に応じた自己の存続の危機というよりもむしろ，個人を進歩へと導く変化である。

ゴルディは，個人的な大変容について機微を捉えることができました。彼自身，中年期に銀行員の職を辞して，哲学者に転身したのです。ゴルディは，苦痛も伴うこの葛藤と混乱が，本当に有用なのか考察を続けます。「もしかすると……ポジティブな自己改革の過程において，葛藤と混乱が精神的にも必要な一歩なのではないだろうか」と。

しかし，筋書きのない物語もまた面白いものです。だからこそ，あの番組でアレックスのような成功が見られるのが大きな喜びなのです。別の人格を演じることができたり，自分には絶対にできないと決めつけていたことができるようになったりした人たちの見せる，子どものような驚きを目撃できます。自己に対する固定概念を打ち破り，喜びと，台本のない人生の可能性を手に入れる姿には，思わず涙ぐみそうになりました。

事実，それが初期のリアリティ番組ブームをつくり上げた要素の一つでした。筋書きのないドラマの感覚です。一般人がテレビに出ているというまばゆい目新しさが，脚本家が敷いた台本の上になり立つ「リアリティ」という事実を覆い隠していました。しかし，そんな蜜月もやがては過ぎ去ります。リアリティ番組が増殖し，エピソードがワンパターンになりました。私たちはお約束の展開とお決まりの進行を認識するようになり，物語の法則に気づきました。そうなると，リアリティ番組というジャンルは次第に，物語の予測可能性を重視する領域へとシフトしました。タレント発掘番組，料理番組，セレブリティの密着番組など，展開のわかりきった物語にチャンネルを合わせるのです。子ども時代のトラウマを克服するために歌う姿や，きちんと計量してスポンジケーキがふんわり焼きあがるところや，コートニー・カーダシアンとスコット・ディシックがよりを戻すのを見るために。私は今でもリアリティ番組を観ますが，初期に見られたような混沌とした奇妙な危うさや，何でも起こり得るという刺激的な感覚はもうありません。

内なる物語に支配されて生きているとき，その物語は，テレビの物語と同じように，一貫した物語の構造に事実を当てはめて成形されます。不要な事実は編集段階で切り捨てられるのです。数十年にわたってハーバード大学が行っている幸福についての調査で，人は成就しなかった願望をしばしば忘れることがわかりました。20才のときに描いていた「医者になる」という夢について，50才になった同一人物に尋ねると，「それは何かの間違いだ」ときっぱり否定するのです。「医者になりたいと思ったことなんて一度もない。それは別の人の資料でしょう」と。チェーホフの銃は，物語の技法の一つで，第一幕に銃を導入したなら，第三幕までに回収するというルールです。自分の人生を一貫した物語に編集する人たちは，容赦のない編集を行います。銃が回収できなければ，そもそも第一幕から消し去ってしまうのです。このように，私たちは自己の語り手として，事実が重荷になったり，不協和音が解消できなくなったりすると，事実そのものを抹消してしまうというわけです。

もちろん，事実が自ら消えていくわけではありません。取捨選択するのは私たちです。しかし，私たちが物語の何たるやを理解しなければ，「物語の重要性」など知る由もありません。内なる語り手がいるという感覚と，一貫した内なる物語があるという感覚は，まったくの別物です。私たちは後者を追い求めるあまりに自分自身をミスリードし，関連性のために事実を切り落とし，落としどころがなければそれを探し出し，重大な出来事が欠如していればさかのぼってねじ込んだりもするのです。

つまりは，本当の自分についての新しい物語を「合理的」に納得するのは，避けるのが賢明かもしれないということです。アレックスがそうであったように，本当の自分が何者なのかと迷ったときには，物語のない人生を送ることが，私たちに与えられた唯一の道なのかもしれません。

一貫した物語の危うさについてお話ししてきましたが，最後に，ありのままの事実を三つご紹介しましょう。

私がアレックスと最後に話したとき，アレックスとクリントンは19周年の記念日を迎えようとしていました。二人は人生の半分以上を一緒に過ごしてきたことになります。

アレックスの初めてのキックボクシングの相手で，アレックスを見事マットに沈めたベレニスは，アレックスの師匠だったトニーとゴールインしました。

アレックスは二人の結婚式で，花婿介添人を務めました。

第4章

ハードディスクに隠された秘密

信頼とは，心の確固たる形成に他ならない。それは，義務と同じように，正当な理由なく与えられるものではない。

——ジョン・ロック

ロックの哲学に対する疑問の余地のない反論（もし必要であれば）だと私が考えるのは，彼が72年間の生涯で主張し続けたことに対して，誰一人として正当な理由を求めなかったことだ。

——トマス・ド・クインシー

スージーはジョンの秘密を知りませんでした。秘密を知ったスージーは，離婚の意志を伝えるためにジョンの母親に電話をかけましたが，理由を説明するまでもありませんでした。電話の向こうで，義母がこう言ったのです。
「ベビーシッターのことね，違う？」

スージーとジョンが出会ったのは，1990年代のチャットでした。コンピュータが巨大な箱で，インターネットに電話線で接続しようとすると，嵐の中でバグパイプを吹いているような騒々しい音が鳴っていた時代です。20代前半だった二人は，お互い独身で，チャットのインスタントメッセージ［訳注：コンピュータネットワークを通じてリアルタイムにコミュニケーションがとれるツール］だけが言葉を交わす唯一の手段でした。それでも，二人がひかれ合うまでにそう長くはかかりませんでした。

知り合った当初，スージーはそれほど親密な関係に発展するとは思っていませんでした。相手はインターネットで知り合った男性です。しかし，心くすぐられる偶然によって，ジョンが突如，現実的な恋愛対象に昇格しました。ジョンの幼馴染みの妹が，スージーが初めて真剣につき合った元カレと結婚することがわかったのです。その彼は別れたあとも，スージーにとって大切な友人でした。「だから彼に『誰に会ったと思う？』って電話したんです。すると『君はもうその男性に恋をしているようだね』と言われました」

凍てつく冬の終わりのある日，私はシカゴの自宅にいるスージーにインタビューしました。その話しぶりから，どんな難局にも落ち着いて対処できる快活な人柄を感じました。それもそのはず，スージーの仕事は，子どもの死に直面した親，あるいはすでに子どもを亡くした家族を支えるソーシャルワーカー（相談員）なのです。率直な物言いから，腕まくりをしている姿が思い浮かびます。彼女の言葉からは，雲の向こうで太陽が輝いているような希望が感じられます。スージーがジョンの話の全容を他人に語るのは，これが初めてでした。ジョンと出会ったのはもう数十年も前のことですが，彼女が語ったのはれっきとしたラブストーリーでした。まずは心躍る偶然から始まる第一幕です。元カレについて語るスージーは，まるでお泊り会のティーンエイジャーのようでした。「きっと彼を好きになるわ」。眉をあげて大げさに語る顔が目に浮かぶようでした。

出会った頃のスージーとジョンは，別々の街に住んでいました。しかし，ある週末にスージーが仕事でジョンの街へ行くことになり，二人は夕食の約束をしました。ジョンは退役軍人の息子で，常に冷静沈着で自立しており，機知に富んでいました。そんな彼は，スージーが思い描く理想の男性像にぴったり重なりました。

「私は彼が下手な駆け引きをしないところにひかれました。裏表がなかったんです。他人との無駄な駆け引きにはもううんざりしていました。その夜，車で家に帰って母に電話して言いました。『その人と結婚するかもしれない』って」

4年後，スージーは「その人」と結婚します。二人は家を買い，娘が生まれました。ラブストーリーはそのまま第二幕へと突入するはずでした。ただし，ここでお断りしておきますが，彼女の本名はスージーではなく，シカゴに住んでいるわけでもなく，ジョンはすでに数年前に亡くなっています。

ある類いの人物によると，すでに信じている事柄を疑おうとする意志から，その人の知的精神力や気骨がわかるようです。「知性とはすべての確実性を疑うことだ」といった格言のステッカーが車のバンパーに貼られているのを見たことはありませんか？　文化的な施設の近隣に住んでいれば，その手の格言や標語を至るところで目にします。私が暮らすニュージャージー州の学術都市プリンストンには，アルベルト・アインシュタインが亡くなるまで暮らしていた家があり，合理性に対する疑問になぞらえた記念品が溢れています。マグカップには「大切なのは疑問を持ち続けることだ」と刻まれ，Tシャツにはもっと短く「すべてに疑問を」とプリントされているといった具合です。

昨今，疑問と現状に異議を唱えて挑戦する意欲の関連性がとかく取り沙汰されるのには，歴史上の疑いし者たちが放つ魅力も一部関係しているでしょう。人類の文化的および科学的遺産の多くは，ガリレオからダーウィン，そしてトマス・ペインとトーマス・ジェファーソンという二人の革命児にまで至る，疑うことを恐れなかった偉人たちについての物語でもあります。そして，人類の進歩の物語が疑問の民主化の物語なのであれば，現代人がそれにならうのも当然のことと言えます。1925年，進化論を教えた罪で逮捕されたテネシー州の高校教師を弁護したクラレンス・ダロウは［訳注：スコープス裁判あるいはモンキー裁判とも呼ばれる。テネシー州議会は，聖書の天地創造説を否定する理論を教えることを違法としていた］，「私はこれまで疑うことが英知の始まりだと考えてきた」という言葉を残しています。また，イギリスの作家でジャーナリストのクリストファー・ヒッチェンズは，懐疑主義は「ほかの哺乳類」と人類を隔てる「唯一の事柄」であり，それを放棄することは「邪悪な行為」だと語っています。

私が何度も耳にする言葉があります。イングランドの政治家で軍人だったオリバー・クロムウェルが，チャールズ2世のスコットランド軍とイングランド軍が内戦を戦っていたさなかに提言した「常に疑問を持て」というスローガンです。クロムウェルは，スコットランド国教会に対する嘆願書に，「キリストの慈悲において，どうか自分が間違っている可能性について考えていただきたい」としたためました。このクロムウェルの言葉は，確率論の基本ルール（「クロムウェルの差止め規則」と呼ばれる）から，数学者で歴史学者のジェイコブ・ブロノフスキーによる系譜学ドキュメンタリー『人間の進歩』まで，さまざまな分野で引用されています。このような言葉を座右の銘にしたくない人がいるでしょうか。「王権神授説［訳注：絶対王政国家の権力は神から授かったとするヨーロッパの政治思想］に満足している」という人がいるでしょうか。

その一方で，「すべてを疑え」というスローガンに対する歴史的な仕打ちは，楽しいとは言い難いものでした。確信という名のもとに，書物は焼かれ，「異端者」は火刑に処せられたのです。1258年には，モンゴルのキリスト教徒軍が，キリスト以前（紀元前）に価値のあるものなど何もないという確信のもと，バグダードの知恵の館の蔵書をチグリス川に投げ捨てたことで，川の水は書物のインクで黒く染まったといいます。「教会の外に救いなし」という教義に強い確信を抱くカトリック教会の信徒は，16世紀の法律家で英訳聖書を禁じたトマス・モアを聖人として認めました。21世紀にローマ教皇となったドイツ出身のヨーゼフ・アロイス・ラッツィンガー（ベネディクト16世）は，児童性的虐待が破門を条件とする「教皇機密の対象」であると司教たちに宣言しました。これらの動きはもちろん，強い信念だけでなく，権力によっても動機づけられた可能性が大いにありますが，それでも確信を持つ者が他人を抑圧しがちであることを考えれば，「すべてを疑う」ことが魅力的に感じられるのも不思議ではありません。

疑問と現状に異議を唱えて挑戦する意欲に見られるもう一つの関連性は，高名な哲学者の存在でしょう。合理主義哲学の父と呼ばれ，六つの章から成る『省察』を公刊したルネ・デカルトは，懐疑主義者に大層好まれました。デカルトはその主著で，古い信念を捨て，視覚，嗅覚，触覚などの感覚を「懐疑の領域」に持ち込み，土台から新しい信念を構築する姿勢を示しました。語り手はガウンをはおって暖炉の火のそばに座り，確信（我はここに座っている。この手はたしかに我の手である）に対して，できる限りの疑問（我は眠っているのかもしれない。我は悪魔に惑わされているのかもしれない）を投げかけながら，少しずつ信念を解いていきます。彼の確信は勢いを増しながら解明へと導かれ，最後にかの有名な「我思う，ゆえに我あり」という証明が残ります。デカルトが懐疑論で神の存在を疑わなかった――少なくとも声を大にして否定しなかった――のは有名な話ですが，だからといって誰も彼を責めることはできないでしょう。『省察』の数年前，デカルトは太陽中心説を含む『世界論』を執筆しましたが，ガリレオ・ガリレイの身に起こったこと［訳注：カトリック信者だったガリレオが地動説を唱えて異端審問にかけられたガリレオ裁判］を本屋で聞かされて驚き，すべて焼き払って公刊を取りやめたのです。デカルトは友人に「私はその論文を隠匿し，過去４年間のあらゆる著作を取り下げて，教会に服従の姿勢を示そうと思う」という手紙を送っています。私は初めて受けた哲学の授業で，デカルトの懐疑の姿勢を受け継ぐのだという深い感慨を覚えました。私たちは彼が立ち入れなかった領域で，その意志を安全に引き継げるのです。

また，火のそばで気取るデカルトとはかけ離れた人物でありながら，懐疑について追究したウィリアム・キングドン・クリフォードについて学んだときも，私は感動を覚えました。大柄でひげをたくわえたクリフォードは，19世紀のイギリスの数学者で，25才のときに日食観測の航海に出て，シチリア沿岸で難破の危機に見舞われますが，奇跡的に生き延びました。その後，クリフォードは「信念の倫理」という論文を執筆します。「架空の」船主が，老朽化した船が航海に耐えられるだろうかと悩むのですが，最終的には造船工に対する疑念を捨てます。「こうして船主は，船が安全無事に航海を終えるはずだと，自らに言い聞かせて確信し，明るい気持ちで出航を見守った……そして，船は跡形もなく海に沈み，船主の手には保険金が残った」。私たちはこの船主についてどう考えればよいでしょう。「船主には，目の前にある証拠を信じる権利はなかった」とクリフォードは言います。そして，船主が十分に疑わなかったという事実は，「合理的な過ち」であるだけでなく，「道徳的な過ち」であるとされます。これはクリフォードが生んだ「懐疑と道徳的勇気の明白な関係性」という大きな波です。つまり，「心に生まれた（自分の信念に対する）疑念を抑え込み，消し去ろうとすれば，その者の生涯は人類に対する長い罪となる」ということです。

私は，多くの知識を与えず，触れる者を混沌の世界へといざなう哲学という学問に魅せられました。物事を疑うことがむしろ奨励され，人権の講義を受けたあと，そもそも「人間」とは何かという疑問を抱いて教室を出ること，あるいは「誰の言葉か」と心ゆくまで追求することが，未熟なのではなく深遠な問いであるとされるのです。私が教え子に哲学を専攻した理由を尋ねると，彼らは当たり前のように，知っていることを問うためにここにいるのだと答えます。その問いが啓蒙であり演習であることは明らかだというように。合理性とは問い続けることだと，彼らは知っているのです。

「それで，ジョンは信頼できると思ったのですね？」と私はスージーに尋ねました。

「そう，そうなんです」

スージーとジョンは伝統的な結婚式を挙げ，病めるときも健やかなるときも人生をともに歩むと誓いました。しかし，結婚7年目に入る頃には，「病めるとき」の方が上回るようになりました。幼い子供を育てるにはお金がかかるうえ，ジョンが目の疾患に悩まされるようになったのです。治療は痛みと出費を伴います。そして，同じ時期に大切な親類が突然亡くなり，不幸の山の上にどす黒いチェリーをトッピングするかのように，ジョンが職を失いました。「ちょうど9.11（アメリカ同時多発テロ事件）のあとで，なかなか求人がない時期でした」とスージーは振り返ります。

ジョンの失業は何カ月も続きました。満足のいかない職もあたってみましたが，その職探しすら満足のいかない状況でした。スージーは病院での仕事を増やしましたが，それが大きな負担になりました。「病院の仕事はあまり融通がきかないんですよ」とスージーは明るく笑います。忙しい一日を終えて疲労困憊で帰宅しても，家事が山積みのまま残されていました。「今思えば合点がいくんです。だってジョンには……ほかにやることがあったんですから。子どもと一緒に家にいるだけなのに，『一日中何をしてるんだろう』と不思議に思っていました。でも，夫ってそんなものでしょう？」

二人は結婚カウンセラーに相談してみましたが，それでもケンカが絶えませんでした。「ホーム・デポ［訳注：アメリカの住宅リフォームおよび建設資材小売りチェーン］で働けばいいでしょう！」「この俺がそんなところで働けるか！」そんななか，一筋の光明が差し込みました。人材採用担当者がスージーに別の仕事を紹介してくれたのです。勤務時間は少なくなり，給料も上がります。断る理由はありませんでした。

「私たちはお祝いにデートに出かけることにしました。娘は2才になっていたし，ベビーシッターを頼めばよかったんです。子守りを頼める人の電話番号をリストアップしていたのですが，パソコンの中を探しても見つからず，どこへしまい込んだのかしらと探し続けました。祖母の番号も小児科の先生の番号も，全部そのリストにまとめていたんです。『生活の記録』というフォルダーを見つけたので，「きっとこの中だ」とファイルを開きました。そこには名前がずらりと並んでいました。ジョンが私の前につき合っていた彼女の名前も2，3入っていました。そのあとに私の名前があり，さらに進むと，女性に続いて男性の名前が連なっていました。そして，名前のとなりに書かれていたんです。その人とどんな行為をしたかが。地下のカウチで何をしたとか，ガレージを訪ねてどんな行為におよんだとか……。性的行為の内容が事細かに書かれていたんです」

スージーの心臓は押し潰されそうでした。「今でも覚えています。自分の足で立っている感覚がなくなり，空間の感覚も失われ，何が本当で何が本当でないのかもわからなくなりました。せっかく手に入れた生活なのに。私がつくり上げた家族なのに……。そのとき，ジョンとは対決しないでおこうと決めました。何が起こっているか，まだはっきりとつかめていなかったので。わかっていたのは，この件でジョンと戦うときには，誰かの助けが必要だということだけでした」

スージーは急いで「印刷」ボタンを押しました。ジョンが戻ってくるまでに，次のカウンセリングに持っていくコピーをとっておくためです。そしてスージーは，口紅を塗って，何食わぬ顔で出かけました。「私は平静を装いました。誰にもばれませんでした。一体どうやったのか，あのときのことはよく覚えていないんです」

この事件が起こったのは何年も前のことです。当時，パソコン画面上に表示された「印刷」ボタンは，小指の爪よりも小さいプリンタの形のアイコンでした。手でマウスを動かし，カーソルをその小さなボタンに合わせてクリックしなければなりません。震える手で操作すれば，知らず知らずのうちに「印刷」ボタンを2回クリックし，そのままパソコンを閉じてしまったとしても不思議ではありませんでした。

翌日，ジョンがパソコンを起動させると，回転音と作動音とともに，プリンタが重要な証拠となり得る不貞リストを吐き出しました。映画『2001年宇宙の旅』で，人工知能HAL《ハル》が，「ポッドのドアを開けろ」という乗組員のコマンドを拒否したときのように，パソコンが二人の主人を裏切ったのです。

「ジョンは『何だこのリストは。何を印刷してるんだ』と慌てていました。それからです，彼が事態をすっかりすり替えようとして，私の気持ちをぼろぼろに傷つけたのは。『全部見たわ。印刷してセラピストのところへ持っていくのよ』と言うと，彼は『きっとウイルスのせいだろう』とうそぶきました」

「ウイルスですって？　私の名前が載ったリストが？　そんなわけがないでしょう」。スージーはウイルスではないと証明するために，専門家のところへパソコンを持ち込み，データの復元を依頼しました。カウンターの向こうでパソコンの中身が発掘されていきます。子どもの写真や未完成の文書などの残骸のほか，チャット履歴，写真，元カノとの密会の証拠が見つかりました。一日の作業料金がいくらだったのかわかりません。専門家はスージーに経費を請求しませんでした。彼も恋人に欺かれていたことが判明したばかりで，朝からデータを復元しながら，スージーに同情していたのです。「そんな人じゃないと思ってたんだよね？」と。

スージーは預金の半分を引き出して，ジョンに出て行くように言いました。

最初の４カ月は確信が持てずにいました。「理解しなくちゃと思っていたんです。『これは一体何なのだろう。夫はセックス依存症なのか』と。私はそれほど信心深いわけじゃないですが，結婚の誓いを立てたんです。浮気も乗り越えるのが夫婦ってものでしょう？　それに私たちはもう家族でした。私には，それを手放す覚悟ができていませんでした」。ジョンは否定することをやめました。自分はセックス依存症で，罪悪感でいっぱいで，結婚生活を続けるためなら何だってすると言いました。「私たちはセラピーを受けることにしました。ジョンは自らグループセラピーも受けると言いました。でも，どうも話の辻褄《つじつま》が合わないんです。姿を消して，携帯電話の電源を切り，仕事中だと言うから訪ねても，いるはずの場所にいないんです。私は少しずつ，これはおかしいと思い始めました」

先ほど，パソコンから子どもの写真が見つかったとありましたが，皆さんはその部分を読んで，危険な匂いを察知したかもしれません。しかし，日常生活は小説を読むようには捉えられませんし，たくさんの未解決事項をまとめて簡単に説明することもできません。子どもの写真といっても，誕生日会で撮影したか，新しいカメラを試そうと外に出たときにたまたま下校中の子どもが写り込んだか，あるいは愛人の一人に子どもがいたのかもしれません。子どもを写した平凡な写真がパソコンの中にある理由なんて，山ほど考えられます。

しかし，警察はその理由を特定していました。

スージーがそれを聞いたのは，警察ではなく，ジョンの口からでした。

「例のファイルを発見してから４カ月後，私はジョンがいるはずの場所にいなかったことを証明する請求書を見つけました。彼はまだ元カノの一人と関係を続けていたんです。『グループセラピーに行っていないのね。もう出ていってちょうだい』と私はジョンに告げました。ホテルの部屋をとり，ジョンが不自由なく生活できるよう準備したのですが，彼は完全に自暴自棄になっていました。だから入院させたんです。そのときに聞かされました」

スージーはジョンの告白についてよどみなく語りました。当局で繰り返し証言を求められたときのように。感情を交えない明瞭さは，まるで彼女の方が，悲嘆に余白を残せるよう気遣いながら，私に悪い知らせを伝えているかのようでした。

「彼は私に便せん7枚にもわたる手紙をよこしました。その手紙には，12才で初めて小さい子どもにいたずらをしたと書かれていました。ベビーシッターをしていたとき，小さい女の子の体を触ったのです。すごく具体的ですが，これがのちに重要になります。女の子の両親が帰ってきたとき，女の子は陰部を指差すようなしぐさをして見せました。女の子の両親に何かあったのかと聞かれて，彼は『何もありません』と答えました。高校生のときから子どもの前で自慰行為を続けていたことも書かれていました……彼の標的は12才から14才の子どもでした。それが彼の性的対象年齢だったんです」

スージーは相談すべき窓口を探し，ジョンの写真を娘の学校へ持参して，この男を絶対に校内へ入れないようにと伝え，その足で離婚専門の弁護士事務所へ向かいました。

「私はジョンに離婚を申請することを伝えておきたかったのですが，弁護士に止められました。『言ってはいけません。ご主人が行方をくらますかもしれませんよ』と言われました」。ジョンは自暴自棄になっていました。それに，過去の犯罪を告白したことで，衝動的に車で逃げる可能性もありました。病院にも彼を引き留める法的権限はありません。「だから彼に言うのをやめたんです。私の信条はいつも正直でいることなんですが。離婚の申請を決心したあとに会ったときも，彼はそれを知りませんでした。たった一度だけ戻ってきたときには，彼の荷物を全部まとめてガレージに入れておき，家の中には入れませんでした。その後は，法廷で姿を見ただけです」

「娘を父親に近づけることに抵抗はありましたか？」

「もちろんです。病院のソーシャルワーカーが――本当はダメなのですが，プロとしての機転でしょう――私をすみっこへ連れて行って言ったんです。『旦那を家へ入れちゃダメ』。彼女は続けました。『あの男はあなたと娘さんより，あなたの犬に執着してる。異常だわ』」

離婚が正式に成立したあと，スージーは共通の友人からジョンが逮捕されたと聞きました。インターネットで近づいて会おうとしていた子どもが，実はおとり捜査員だったのです。「ジョンは逮捕されて起訴されました。そして，性犯罪者として登録され，ごく短期間ですが刑務所に入りました。すべて離婚手続き中に起きたことでしたし，よその郡での事件だったこともあり，私はあとで知りました。ジョンの服役中に，私は娘の名前を私の名前に変更する申請を行い，さらに親子で旧姓を名乗れるよう手続きしました」

「娘さんは事情を知っているのですか？」

「ええ。私から言って聞かせるべきこともありましたから。『パパは危険だ』とか，『誰かに何か言われたら……』とか。娘には年齢に合った話をするようにしました。すごく神経を使いました。小児性愛が遺伝するとは思いません。ジョンはきっと幼少期に何かあったんです。そして私は，負の連鎖を断ち切ることに成功しました。娘をジョンに傷つけられずにすみましたから。でも……娘には人生に汚点があると悲観してほしくない。だからこそ娘とオープンに話してきました。私は……ただの推測ですが，ジョンの家族に深刻な問題があるように思うのです。ジョンの父親もその後，未成年者買春で逮捕されました」

そして，ジョンの母親。離婚申請のことを説明する義務があると感じ，義理の母親に電話をかけたときのことでした。７枚の手紙に書かれたジョンの告白について話そうとするスージーをさえぎり，義母はこう言ったのです。

「ベビーシッターのことね，違う？」

「知っていたんですよ」とスージーが言いました。「義母は何もかも」

どうしてスージーだけが知らなかったのか。ジョンの嘘に気づいたとき，彼女はどうして「ただの浮気だ」というジョンの言葉をなおも信じたのか。どうしてあのとき，何をしていたのかとジョンに尋ねなかったのか。どうしてパソコンに入っていた写真の子どもの正体を問いたださなかったのか。どうしてスージーは，ウィリアム・クリフォードの提言に従い，疑うことを実践しなかったのでしょう。

犯罪者のプロファイリングを専門とするライターのデボラ・シャーマン＝コフリンは2012年，心理学専門誌『サイコロジー・トゥデイ』に，パートナーが性的搾取者だった女性に関する記事を寄せて，これらの疑問に触れました。「教師，医療助手，慈善事業家などの職に就いた女性も，性的虐待の対象になったとたんに驚くほど感覚が麻痺してしまう。虐待に目をつぶった妻たちの哀れな言い訳が，何らかの理由で受け入れられなかった場合，彼女たちはすぐさま同情心に訴える」。シャーマン＝コフリンの見解は少々極論的に感じられるでしょう。彼女のウェブサイトは残念ながら，これ以上無償で魂の声を聞くことはできないという声明を出しました。ただし，この記事に関しては，あながち極論とも言えません。

2015年，FBIの捜査により，サブウェイ［訳注：アメリカに本社を置くファストフードチェーン］の広報担当だったジャレド・フォーグルが，未成年者淫行の容疑で逮捕されたとき，フォーグルの妻にインタビューした記者が「知らなかったなんてあり得るだろうか」と疑問を呈しました。イギリスのチャンネル4が，『小児性愛者と結ばれて』という番組で，スージーのように小児性愛者と結婚した女性のドキュメンタリーを放送したときには，イギリスで人気の子育てコミュニティサイト「Mumsnet《マムズネット》」に，不快に感じた視聴者からの「妻は知っていたはず」というコメントが殺到しました。オーストラリアでは，2016年にシドニーの有名なダンス講師による生徒の虐待が報じられ，彼の妻を知りもしない大勢の他人が，彼女に辛辣な批判を浴びせました。Facebookで700万以上の「いいね！」がつく『サイコロジー・トゥデイ』では，博士号を持つ研究者がそうした心情に同調し，疑念を正当化する記事を書いています。CNNやロイターTV，アメリカの報道番組『グッド・モーニング・アメリカ』に出演し，注目度の高い裁判の解説などを行う心理学者で作家のセス・マイヤーズは，「小児性愛者の妻は真実を知っている」という記事で，妻は「被害者の感情に意識を向けず，間違った男と結婚した自分への哀れみに，持てるすべてのエネルギーを注ぐ」と書いています。彼は「誰にも精神の問題をきたしてほしくないが」となおも続けます。「小児性愛者の夫を持つ妻は，疑いを持ちながらも，夫または今の生活を守るために疑念に蓋をしている」（この発言については，のちにマイヤーズが謝罪）

「あなたは疑うべきだった」という非難は，どのような発見の場合にも当てはまります。1999年，ディラン・クレボルドとエリック・ハリスが13人の命を奪ったコロンバイン高校銃乱射事件のあと，ディランの母親であるスーのもとには，知らない人から何千通もの手紙が届き，買い物先では呼び止められて，こうなることはわかっていたはずだと非難されました。『ニューヨーク・タイムズ』紙に掲載された彼女の手記の書評に対して，ある読者からこんな感想が寄せられました。「この本を買うのはただの無駄遣いです……利己的な正当化に気づくことができる誠実で愛情深い親に対して，クレボルド氏はうわべだけの言葉を並べることしかできません」

おそらく皆さんはこんな反応などしたくないでしょう。しかし，「すべてを疑う」という合理性に従うなら，選択肢は限られます。現状に異議を唱えて挑戦する意欲は，自分の最も大切な信念を辛辣な証拠に基づいて容赦なく点検することを求めるでしょう。クリフォードも次のように語っています。「信念を不十分な証拠に基づいて受け入れたのなら，その喜びは盗まれたものであり……罪深い喜びである。人類に対する義務を無視して盗んだのだ……信じやすい人間は嘘つきと詐欺師の父である」

「肩身の狭い思いをしたり，何らかの責任を感じたりしましたか？」と私はスージーに尋ねました。

「ええ。知らなかったこと，気づけなかったことのせいで，自分が人からどう見られるのかを意識して過ごすようになり，それは今でも変わりません。まわりの人に非難されないとわかるまで，私は誰にも話しませんでした」

スージーのような経験をした人はそう多くないでしょう。しかし，真実を発見して自問するときの恥ずかしさは想像できます。「こんなことどうして知らなかったんだろう」と，手のひらで額を打ちたくなるでしょう。それが他人なら非難したくなるような，都合よくつくり話を信じて疑わなかった状況を恥じるのです。

しかし，真実を手に入れてかく恥は，真実そのものとは無関係です。「すべてを疑うべし」というルールが，人々と真実をつなぐものである一方で，実際は真実からより遠ざけていたとしたら？　私たちは，真実の発見と，真実を見逃していた愚かさの発見という，2倍の不快を受け止めることになります。それがさらに，真実を遠ざける理由を倍増させているとしたらどうでしょう。

ペンシルベニア州立大学フットボール部の元コーチ，ジェリー・サンダスキーの妻ドティー・サンダスキーは，45件にのぼる性的虐待の罪で収監された夫が無罪だと信じ続けています。息子によると，ふかふかの芝生があるコテージでジェリーと暮らしていた頃，ドティーは「普通の妻なら不適切だと考えるはず」の数々の出来事を経験しました。しかし，数年間の公判のあいだ，彼女は原告が間違っているか，あるいは「賄賂を受けとったのだ」と主張を続けました。あまりにも長く現実から目を背けてきたドティーは，自分が現実を否定していることすら認められなくなっていました。2014年にテレビ番組『トゥデイ』(アメリカNBC) でアンカーのマット・ラウアー(2017年にセクハラ疑惑で番組を降板) からインタビューを受けたときのこと。「疑いはありましたか？」と聞かれたドティーは混乱し，質問の意味を説明するよう求めました。ラウアーが「見て見ぬふりをしている」のではと「自問した」ことはあるかと聞き直すと，まるでゼラチンで編み物をしようとしたことがあるかとでも尋ねられたように，ドティーは彼の顔を見て答えました。

「まさか！」

「しかし，サンダスキーさん」とラウアーが続けます。「多くの人たちが『夫人が嘘をついていないのなら，現実から目を背けているのだ』と言っています」

「嘘はつきません」とドティーは答えました。その答えが意味することに気づかないまま。

これは，クリフォードの熱烈な支持者ではなくて，私が最も危惧している現象です。納得のいかない結論を受け入れるよう証拠を突きつけられたとき，私たちは複雑な方法を使ってその証拠に抵抗します。自分自身，つまり精神の分裂です。それは言うなれば，発見が信念そのものではなく精神を攻撃し，それまで適切だと思われていた考えが崩壊するようなものです。ある意味，それでも筋は通ります。論理の結果が自己に異議を唱え，自己と論理が切り離されるのです。

スージーの話について議論すると，「彼女は本当に意識改革したの？　選択肢がほかになかったようだけど」という声があがります。これだけの証拠があるのだから，それを直視するほかなかったと考えるのもうなずけます。しかし，自分の人生経験や，愛する人に現実を直視させようとする難しさを考えれば，そうとも言い切れないでしょう。目の前の現実から数歩離れて，名誉を傷つけられる危険を回避することだってあるのです。「彼女はあなたを愛していませんよ」「あなたの娘さんは拒食症ですよ」「あなたがしていることは虐待ですよ」「どうして気づかなかったのですか？」

少なくともクリフォードが嫌うそのような委縮した考え方も，問い詰められればやがて証拠に反応するかもしれません。しかし，特定の結論を避けるために頭の中で歪められた鉄枠は，通常の納得のメカニズムに当てはまりません。私たちは，このような状況を避ける術を身につけておくべきでしょう。恥の亡霊を恐れるあまり，証拠から逃げ出してしまうことのないように。恥を生み出す「すべてを疑うべし」という格言そのものに，疑う余地があったとしたら？

何かを疑って厳密に探るには，それを提案した人を厳密に探る必要があります。しかし，パートナーや友人が，証拠を使って自分の発言のあら探しをしていたら，なんて失礼な被害妄想だと思うでしょう。親しい人物に事実確認をされたり，あちこちに電話をかけて所在を調べられたりしたら，領域を侵され，顔に泥を塗られたように感じないでしょうか。

懐疑論を擬人化して考えてみましょう。何が見えますか？　現状に異議を唱えて挑戦する意欲に溢れた人の顔が見えるかどうかはわかりませんが，おそらく親密な交際が苦手で，パラノイアと侮蔑のあいだで揺れ動く人物を思い浮かべたでしょう。人間関係に絶望し，二度と屈辱を受けないよう，平然と孤立しているかのように振る舞う人かもしれません。クリフォードの非難に対して，ウィリアム・ジェームズは，1896年に「複雑な論理性の中に閉じこもる人……もう少し信じる精神があれば手に入るはずの社会的報酬を不作法に自ら切り離す人」と表現しています。

私の友人であり，シドニーを拠点とする文学理論家でライターのダン・ディクソンは，著作物との「関係性」について調査した論文で，フィクション（つくり話）に対する不信の停止［訳注：つくり話を鑑賞するとき，懐疑心を抑えて現実でないことを忘れ，創作世界に入り込むこと］と，関係性に対する不信の停止を比較しました。彼は「積極的な」不信の停止は造作もない楽しみなのに，まるで骨の折れる手続きであるかのように語るのはおかしいと指摘しています。映画や恋愛ドラマの設定に身を置いて，不信を停止するよう意識するわけではありません。すべてにおいてデカルトが正しいと考える信奉者でも，一日の仕事を終えて家に帰れば，不信を一旦停止して，母親によい一日だったかと声をかけるでしょう。それは何かに寄り添いたいときの自然な流れです。愛するものと関わっているときには，容赦のない全面的な不信の出る幕はありません。

だからこそ，愛する者の厳しい懐疑心は，惑わされた者に甚大なダメージを与えます。シェイクスピアのオセロは，妻デズデモーナの不貞を疑って怒り狂い，妻を絞め殺してしまいます。オセロは不信から脱出することができず，デズデモーナもまた，不信から救出されませんでした。

少なくとも私的な状況において，傷つくことを回避する最善策として，懐疑論が「偉大な勇気」であると喧伝《けんでん》されてきたのは，ある種のペテンと言えるでしょう。ニュージーランドの哲学者アネット・バイアーは長年，関心と信頼性，そしてそれぞれの倫理上の役割について研究し，信頼は必然的に裏切りを生むと指摘しています。これが信頼と依存との違いです（目覚まし時計が鳴らなかったから約束を守れなかったという言い訳は，裏切りとまでは責められない）。裏切りのリスクを回避することよりも臆病なことがあるでしょうか。

不信とは，感情的な革命家というよりもむしろ，合理主義的なスクルージ［訳注：チャールズ・ディケンズ著『クリスマス・キャロル』の主人公。強欲な守銭奴であることから「ケチ」を意味する］のようなものです。一人ぼっちの城の片隅で「不信」に磨きをかけ，友情や愛情といった心地よい信頼を手に入れるチャンスを逃してしまうのです。

クリフォードが提言する疑念の「義務」という概念に対して，反論する考え方はいくつかあります。

まず，私たちの信頼はお互いにかかっているということ。信頼できればこそ，親密になり，つながり，社会に組み込まれた者として機能します。ウェールズの哲学者デイヴィッド・オズワルド・トマスは，次のように述べています。「誰かに対する信頼が私個人の安全を脅かすなら，その者を信頼しない理由になる。しかし，その理由を最優先にするのは間違いだ。すべての人にとって最も安全な方策は，そのときに最も安全と思われる選択を必ずしもしないことかもしれない……個人の安全への執着が思慮分別という目的を侵害するのなら，その思慮分別の先には，一体どれほどの致命傷が待っていることだろう」

次に，信頼そのものが合理的だということ。これは，初めから信頼を裏づける証拠があるということではありません。信頼のための証拠を精密に確認するというのは，そもそも本当の「信頼」ではないでしょう。プリンストン大学の人的価値研究所で，恥，感情，責任について研究するヴィクトリア・

マクギアーは，信頼は信じることよりも願うことと深い関わりがあり，人々は信頼に従って行動するのだといいます。「信じる側の人物が，信じられる側の人物に対する懸念や疑念を抑止し，証拠を超えて信頼することが，活性化の効果を生むこともある」。つまり，このような自己達成が目的なのであれば，「証拠を超えて信頼することがこの上なく合理的」になり得ます。

そして，親密な関係に必要となる単純な信頼が合理的であるということ。これは，真実の追求ではなく，目的の達成という側面から「合理性」を眺めた考えです。ジュディス・ベイカー教授によると，真実の追求という概念では，私たちが何かを信じる理由は「信じる事物の真実性の証拠を支える事実や事柄」にあるが，信頼は「証拠に基づいて受け入れられない」信念に関与しているのだといいます。つまり，私たちの合理性という観念そのものが，「信頼という現象の説明として不適切」かもしれないのです。

それならば，合理性の観念を切り替えてみてはどうでしょう。クリフォードは懐疑的実証主義を論証し，それにより目的が遂げられると教え，「シチリア沿岸における難破船からの生還」について語りました。しかし，信頼の合理性がどうあれ，身近な事柄を十分に疑うことができなかったことを恥じることにより，不信の停止の必要性を──あるいは喜びさえも──見失ってしまうのです。

スージーは長い間，ジョンを疑えなかった自分が過ちを犯したのではないかと恐れていました。人々にどう思われ，何を言われているかと想像しました。そして，ジョンからは聞きたくない言葉を聞かされました。

「ジョンに言われたんです。簡単に嘘がつけたのは私のせいだと。話の一部だけ伝えれば，簡単に騙すことができたのだと。彼は何とか私に責任転嫁しようとしていました」

しかし，はっきりそう言われたことで，スージーはジョンの言葉をうのみにしてはいけないと気づきました。

「私は，『人を信じるときは誰だってそうでしょう』と考えました。信じるとはそういうものです。そうでなければ，一緒にいる人たちを根掘り葉掘り詮索しなければならなくなります。私はただ，間違った人を愛し，信じてしまったんです」
「私は孤立してつらい思いをしました。誰にも打ち明けることができなかったんです。同じような問題で何らかの役に立てるなら，私がした苦労にも意義があります。いいえ，意義とは違うかもしれませんね。私にはあまり多くの証拠がありませんでした。今になって振り返れば，『あのときはあの場所にいたんだ』とわかりますが，当時の私には情報がなかった。私はそれを今，子どもの治療のことで決断を迫られている親御さんに伝えています。あなたはそのときにできる最善を尽くし，持てる情報をすべて使っているのだと。だからうしろを振り返ってはいけないと。とても難しいことだけど，そうやって進んでいくほかないんです」
逮捕から間もなく，ジョンは自ら命を絶ちました。「ひどいようですが，正直ほっとしました」とスージーは言います。「最近では，ジョンの話を知らない人は私を理解したとは言えないと思うようになりました。考えが変わったんです。『信頼できると確信が持てるまであの話はしないでおこう』という昔の自分から，『私のことをわかってもらうためにあの話をしよう』という今の自分に」
「そんなふうに変わることで，真実を知らなかった自分を許す気になれたのですか？」
「そうかもしれません。時間が解決してくれました。それも自分の一部であり，だからといって私は悪い人間じゃないと思えるようになったんです。私はずっと，傷つき，壊されることの意味を考えてきました。日本では焼き物が割れると金継ぎをするんです。私もそんなふうに考えたい。私はスポーツマンじゃないし，体重オーバーの中年のおばさんだけど，あれから6年後，自転車の100マイル（約160km）ツーリングに挑戦しました。白血病患者を支援するチャリティ活動で，私にとってそれは患者さんに敬意を表しての参加でもあり，自分が壊れていないことの証明でもありました。彼に壊されてなどいないと証明したかったのです」
「そして，あなたは立派にやり遂げたんですね」
「はい，成功させました。せっかく減った体重はすっかり元通りだけど！」
スージーがベビーシッターの電話番号を探したあの日から，10年以上の月日が流れました。そして彼女は，ようやく次の恋へ踏み出そうとしています。

「不思議なんです──彼の奥さんは25年の結婚生活を経て彼の元を去りました。私たちは，中身は違えど，似た者同士なんです。『すべて順調と思っていたのにそうじゃなかった』という点で。もちろん彼は私ほど強烈な経験はしていないけど。その勝負なら誰にも負けません。私たちはお互いに『離婚の王様』と呼び合っているんです。私は彼に『私の頭の中には前の夫がつけた傷が残っているから覚悟が必要よ』と伝えました。すると彼は『かまわないよ。僕は気にしない』と言ってくれました」

スージーは反対されるのを覚悟したうえで，恋人のことを娘に伝えました。

「それなのに娘は先日こう言ったんです。『ねえ，ママ。パパのことでいろいろあったのはわかるけど，試してみたらいいんじゃない？　パパよりひどいなんてあり得ないよ。進んでみればいいじゃない，たとえまた傷つくことになっても』」

スージーは今，前へ進もうとしています。

第5章

決して知ることができない事実を気にしない方法

人は，証拠によってではなく，自分が気に入ったことによって物事を信じる。

——ブレーズ・パスカル

パスカル氏の脳内には，かなり隙間があるようだ。

——ルネ・デカルト

「どちらかにより多くの証拠がある場合に限り，意識改革を起こすべし。証拠によって解決できなければ，判断を保留せよ」

このもっともらしい規則が正しいとすれば，ニコル・クレンパーが意識改革を繰り返したのは奇妙なことだと言うべきでしょう。証拠はすべてビデオテープに収められ，動かぬ証拠として，カリフォルニア州地方裁判所の証拠品ファイルに保管されているのですから。しかし，精神分析医になったニコルと，彼女の物語に関心を持つ人々のあいだでは，いまだに真実についての意見が分かれています。

ニコルの物語は，7才にも満たないときと，17才のときの出来事という二つの話から構成されます。物語の前半は，ニコルの両親が親権を巡って争うところから始まります。父親はニコルが母親から虐待を受けていたと証言し，母親はそれを否認。家庭裁判所は，何とか突破口を見出すべく，司法精神分析医のデイヴィッド・コーウィンを召喚しました。

児童虐待を専門とする司法小児精神科医のデイヴィッド・コーウィンは，1987年にアメリカ児童虐待専門家協会を創設した団体で議長を務め，ニコルと同じ状況に置かれた子ども数十人と面会した実績のある人物です。コーウィンは，ニコルと家族にインタビューを行い，裁判所に対して監護権に関する勧告をしました。このときの記録には，母親に殴られたとニコルが証言したと書かれています。バスタブの中で傷つけられ，やけどを負わされた，と。

コーウィン：ニコル，よく聞いて。それは本当にあったことかな？
ニコル：そう。
コーウィン：本当の話？
ニコル：うん。

騒動の種はほかにもありました。当時ニコルの父親の恋人だった女性が，ニコルの足にコンロのコイルのような形をしたやけどの跡があるのを見たと証言しました。母親に抱き上げられてコンロの上に立たされ，足の裏に水ぶくれができたというのです。コーウィンとの面会のとき，ニコルは部屋の外に母親がいると緊張するようで，記録用のマイクが母親のいる待合所と繋がっているのかと不安そうに尋ねました。また別の面会では，両親それぞれを同席させ，ニコルに本当のことを話すよう指示させました。コーウィンは彼らの反応を注意深く観察しました。父親はニコルに「本当のことを言えばいいよ。先生はそれを聞きたいんだから」と語りかけ，父親の恋人は「本当のことを言ったら，すぐにここから出られるわ」と言います。しかし，ニコルの母親はこう言いました。「ママとお話したことを覚えてるわね？　さあ，なんて言うの？」

「お母さん，いけません」とコーウィンが注意します。「娘さんには本当のことを話すよう言ってください」

数日後，母親と祖母がニコルを連れて救急外来にやってきました。父親がニコルを虐待したというのです。しかし翌日，ニコルがソーシャルワーカーに「嘘をついた」と言いました。そうしないと母親にぶたれるからと。

コーウィンは裁判所で証言する日の土壇場で，最後にニコルと面会する場を設けました。本当に何があったのか確かめたかったのです。

ニコル：CPS（児童保護サービス）に嘘をつかなきゃお仕置きするってママに言われたの。

コーウィン：ニコルはガールスカウトに入ってる？　それともブラウニー［訳注：年少のガールスカウト］かな？

ニコル：ブラウニーよ。

コーウィン：それじゃあブラウニーの名にかけて，そのお話が本当だと神様に誓えるかい？

ニコル：（首を縦に振る）

ニコルの母親は親権を失い，面会権も与えられませんでした。

それから10年が過ぎ，ニコルが16才となったときに，物語は後半へ突入します。私はユタ州のコーウィン医師に連絡をとりました。彼は現在も司法小児精神科医と小児外傷の専門家として仕事を続けています。私はコーウィンに，その後の展開を覚えているかと尋ねました。額が広く，豊かな白髪に白いひげをたくわえたコーウィンは，フライドチキンでお馴染みのカーネル・サンダースがそのまま医者になったような風采です。しかし，ひとたび口を開けば，その親しげな印象は吹き飛びます。まじめで几帳面なコーウィン医師は，私をやや警戒している様子でしたが，質問にはちゃんと「もちろんですよ」と答えてくれました。
「私はニコルの父親に電話をかけました。小児科医4000人が集まる米国小児科学会で，『児童による児童虐待の証言を信じるべきか』という30分程度の講演を依頼されたのです。ニコルのビデオは，小児精神分析医としての経験上，虐待の説明として最も説得力のあるものの一つでした。だから，ニコルと父親から同意をもらい，フォーラムでビデオを流そうと考えたのです。その数年前，カリフォルニア州議会の文科委員会では，制限下で流す承諾を得ていたのですが，倫理的に今回も使用許可をとっておくべきだと思ったんです」
再びニコルの父親に電話連絡を試みたコーウィンは，父親が脳卒中で倒れ，ニコルは里親に預けられたことを知りました。
「私はニコルの父親がいる療養所を見つけました……彼は同意すると答え，私がニコルとも話したい旨を伝えると，里親の電話番号を教えてくれました。私はニコルに電話をかけて事情を説明し，『あのビデオを専門家の勉強会に使ってもいいかい？』と尋ねました。すると彼女は『かまいませんよ，コーウィン先生。お役に立てるなら』と言いました。私はほっとして，礼を言って電話を切ろうとしました。すると，ニコルが一瞬ためらってからこう切り出したのです。『実は小さいときの記憶がないんです。私にもビデオを送ってくれませんか？』」
つまり，ニコルは虐待について話したことも忘れていたのです。記録と本人の記憶を刷り合わせられないのは厄介な問題です。彼女は自分がどんな証言をしたか，またそれが真実だったかどうかも覚えていませんでした。ときどきコンロの上に立たされる鮮明なフラッシュバックに襲われましたが，現実と妄想が交錯しているようなもやもやした感覚でした。
ニコルはコーウィンに連絡をもらう前から不安に駆られていました。父親が倒れたあとに，両親の離婚後初めて母親と連絡をとり，話をするようになりました。家族と触れ合えば，突然放り出された孤独の淵から這い出せるのではないかと期待したのです。実際そうなりました。養母の励ましもあり，ニコルは定期的に実母と話すようになりました。しかし，まもなく母親が，あのときコーウィンに訴え続けた言葉を繰り返し口にするようになりました。虐待の話は嘘だ，娘を傷つけたことは一度もない，と。

「私のせいだとしたら？」ニコルは養母に困惑を吐露するようになりました。「パパに言われてそう話しただけだったら？」コーウィンからの連絡は，ニコルにとって渡りに船でした。過去の記憶をはっきりさせるチャンスです。コーウィン医師にテープを送ってもらえばいいのです。

しかし，コーウィンは答えに窮しました。「私の知る限り，過去にそのような事例も研究もありませんでした」とコーウィンが言います。「若い女性がそのような資料を見たとして，プラスとマイナスの影響は未知数でした。私には二つの思いがありました。彼女には当然，過去に起こったことを知る権利があるということ。そしてその一方で，『彼女を傷つけて動揺させたくない』とも思いました。そこでニコルには，『君はビデオを見る権利がある。しかし，私がそばで見守り，前向きな経験にできる準備が整うまで待ってほしい』と伝えたんです」

それから約１年後，コーウィンはニコルが住む町の近くを訪れる機会を得ました。ニコルの父親がすでに亡くなっていたため，コーウィンはニコルの学校を通じて彼女と連絡をとりました。ニコルはやはり，ビデオを見て確かめたいと言います。そこでコーウィンは，ニコルの養母と地元のカウンセラーの立ち合いのもとでニコルにビデオを見せる手はずを整え，その事前説明の様子を撮影しました。

コーウィン：では始めよう。あのとき言ったことで覚えていることを教えてくれるかい。

ニコル：細かいことでもいいですか？　それとも……

コーウィン：すべて教えてほしい。覚えていることを全部。

ニコル：わかりました。木製の羽目板のような壁と，面会のときに着ていたストライプのシャツを覚えています……たぶん裁判所だと思いますが，私は先生に質問されて，母に虐待されたこと，コンロで足をやけどしたことを伝えました。それが覚えている訴えの中で最もひどいものです。ほかに何を言ったかは思い出せません。

コーウィン：性的虐待について何か思い当たることは？

ニコル：それも告訴の一部だったことは覚えていますが，それ以上

は覚えていません —— 待って，思い出したわ。

コーウィン：何を思い出したのかな？

ニコル：（少し沈黙して）ああ，なんだか（しばらく目を閉じて）……すごく変な感じ。私は母に写真を撮られたと話しました（泣き始めたニコルの肩に養母が手を添える）。母は私と弟の写真を撮って売ったんだわ。母はお風呂で私を傷つけて，それから——

コーウィン：それは，あのときそう話したという記憶？　それとも実際に起こったことの記憶？

ニコル：写真の話をしたことも，実際にあったことも覚えています。母が私を傷つけたんです。

コーウィン：もう少し具体的に話せるかい？

ニコル：ビデオに収められているはずです。股のあいだに指を入れられたと話しました。

コーウィン：話したことを覚えているんだね，それとも——

ニコル：ええ，覚えています。そう話したことも，それが実際に起こったことも。

その場にいた人はみな，ニコルに記憶が戻り，探し求めていた確信が得られたのだと思いました。写真の話の出どころは不明でした。ビデオにはそんな話は収められていなかったのです。しかし，風呂場での出来事についてニコルが思い出したことは，彼女が幼い頃に話した内容と同じで，やけどの話も概ね一致していました。ニコルはビデオを見る前に突如それらの出来事を思い出しましたが，コーウィンは予定通りビデオを見せました。ビデオを見終わると，ニコルの養母が言いました。「これでよかったのよ」。17才のニコルもうなずきました。

ニコル：もう自分に言い聞かせる必要はなくなりました。父が亡くなってからというもの，母に虐待されたと信じ込ませるために，父が私に嘘をついたのだと思おうとしてきました。母と私は —— 親子として関係を続けていこうと思います。実の母親であることに変わりはないから。私の人生から追い出したくありませんし，いなくなるのはつらいことです。私が母の立場で，自分の子どもに同じことをしてしまったとしたら，もう一度チャンスがほしいと願うでしょう。だから私は母を許そうと思います。

コーウィン：つらい思いをしたけど，これが建設的な経験になったということかな？

ニコル：はい。答えが見つからない疑問はもちろんありますが，それでも前へ進んでいきます。一番大きな疑問に答えが出たのですから。逃げ出さないことが重要だと思うんです。振り返って向き合ったことが力になり，気持ちを切り替えて前進できます。それで，先生はこれを研究に使ってもいいか聞きたいんでしょう？（笑って）どうぞ使ってください。

ニコルの承諾を得たコーウィン医師は，ニコルの名前を伏せて学術論文を執筆しました。高校の最終学年を迎えたニコルは，少なくとも不確実性から解放してくれる証拠を手に入れたと信じていました。

信念の自制は，合理的な信頼という点で，他人に対する評価のようなものです。不明瞭な証拠に直面したときの不可知論［訳注：経験できない存在や本質を認識することはできないとする哲学上の立場］は，複雑な状況に対する正当な大人の対応と言えるでしょう。クラレンス・ダロウは，テネシー州で進化論を教えた高校教師の弁護を行った数年後，次のように述べています。「考える者はみな，何らかの不可知論者である。そうでなければ，その者はすべての知識を所有していると信じているということだ。そのような者にふさわしい居場所は，精神科の病院である」

またその逆も言えます。不十分な証拠から早計に何かを信じる人たち――不確かな証拠をもとに，片思いを両思いと確信するなど――に対して，私たちは同情心や共感性を抱きます。証拠が不十分な場合は，そんないい加減な結論に抵抗しなければなりません。どんな仮説にも惑わされないよう，意識を超然と保つ必要があるのです。

そのためには，私たちが何を信じるかを決定づけるのは証拠のみと考えなければなりません。意識改革は十分な証拠が揃っている場合にのみ起こすべきです。信念の基準で正誤の判断がつかない場合，その行き詰まった状況を打破するには，より多くの証拠が必要となるのだから，判断は保留するべきです。何を信じればよいかといった考察は，信念の天秤をどちらかに傾かせてはくれません。そのような考察を天秤にのせたところで，ただ皿を汚してしまうだけです。デイヴィッド・ヒュームは「賢明な人は……自らの信念と証拠を釣り合わせる」と言い，ウィリアム・クリフォードは「どのような信念であれ，不十分な証拠に基づいて信じることは，どのような場合においても間違いである」と断言しました。

不可知論から抜け出すためにほかの考察を試す「べき」かという問いに対する答えは，明確な「ノー」か，あるいは「べき」とはどういう意味かという曖昧な議論に陥ってしまいます。プリストン大学哲学教授で信念倫理を専門とするトマス・ケリーは，何を信じる「べき」かという問いに対する哲学者の答えの例として，次のように述べています。

> 認識論的な合理性のある信念が，実用的な利益性のある信念と異なる場合，何を信じるべきか本質的に問うことはできない。認識的観点，実益的観点から，それぞれ何を信じるべきか問うことはできるが，すべてを考慮して何を信じるべきかと問う第三の問いは存在しない。

17世紀の数学者で哲学者でもあったブレーズ・パスカルは，それに対抗する例を提示しています。パスカルは「逆説」として，実用主義（プラグマティズム）的思考は不可知論から抜け出す助けとなり，少なくとも「パスカルの賭け」と呼ばれる考え方では有効だと述べています。「パスカルの賭け」とは，カトリック教徒だったパスカルが，不可知論者に神を信じる価値を示したものです。神が存在しない場合，「存在する」に賭けたときに被る害は？――賭けは間違いであっても損失ではなく，害を被るのは死を迎えてからである。反対に，神が存在する場合，「存在しない」に賭けたときに被る害は？――地獄，天罰，死後の苦しみである……。パスカルは「得るときはすべてを得て，失うときは何も失わない」とし，「躊躇《ちゅうちょ》なく神が存在する方に賭けるべき」と提案しました。

私は，パスカルの賭けやパスカルによって信仰心が芽生えたという人物を知りません。パスカルの賭けより以前の1654年，パスカルは夜中に神の声を聞く回心を経験しました。あまりにも鮮烈な出来事だったので，パスカルはその詳細を小さな紙切れに書き留め，それを着替えのたびに着る物につけ直して，肌身離さず持ち歩いていました。その行為は，実用主義的思考に重きを置く人には似つかわしくありません。むしろ，証拠をのせた天秤の皿が大きく傾くのをその目で見た人のようです。

現代哲学では，正当化した信念の理論がパスカルの考えなどに似てしまった場合，その理論は正当から脱線していると考えます。南カルフォルニア大学教授で，プラグマティズムの影響を受け入れる立場をとるマーク・シュローダーは，「私たちはパスカルの賭けが神の存在を知らしめるわけではないとわかっている」と述べています。彼はさらに「パスカルのような例から，多くの哲学者が，実用主義的思考とはあまり関わるべきでないと考えてきた」と言います。

信念の停止を好む考え方は，刑法の領域で最も顕著に見られます。そこでは確証が得られるまで信じないことが重要です。信念を停止しなければ，実存する人々に実害を与えてしまうかもしれません。

その分野を専門とするエリザベス・ロフタスに尋ねればわかるでしょう。

カリフォルニア大学アーバイン校教授で心理学者のエリザベス・ロフタスは，虚偽記憶の生成と誤解の代償について研究を続けています。ロフタスは大学院生時代，自動車事故の映像を被験者に見せ，「ガラスは割れましたか？」と尋ねる代わりに，「ヘッドライトが粉砕した際どのくらいスピードが出ていましたか？」と質問すると，偽の「記憶」へ誘導されることを発見しました。教授になってからは「ショッピングモールでの迷子」実験を行いました。被験者に「ご両親からあなたがショッピングモールで迷子になった話を聞きました」と嘘の話を本当の話のように聞かせます。すると被験者はその出来事の「記憶を呼び起こし」，「記憶をつくって脚色」までしたといいます。すべて嘘の話なのに。

ロフタス教授は長年，人々が真実だと信じる虚偽記憶が引き起こす問題に注目していました。すると1980年代，イギリス，オーストラリア，アメリカ，カナダのセラピストたちが，成人の神経症の多くが忘れられたトラウマの現れだという考えのもと，バルビツール系睡眠薬を用いた催眠療法で，患者の潜在意識の奥底からトラウマの「記憶」を引き出そうとしていたことがわかりました。「パパとママがピザの配達員を食べちゃった」といった物騒な話が，あたかも本物の記憶のように「発見」されて，事実として受け入れられ，それを証拠として人々が刑務所送りにされました。ロフタスの研究は，記憶の証拠が記憶そのものと同じくらい発見が困難であると証明し，身に覚えのない汚名を着せられた人の潔白を立証する助けとなりました。患者とセラピストは，問題の根底にあると想像したトラウマが「想像」である可能性を考慮すべきだったとして，世界中で判決が覆され，数百万ドルの和解に至りました。ある女性は家族が人食い族だという「記憶」を発見し，昼食の食卓からそっと肉片サンプルを採取して調査機関に送りましたが，「牛肉」という検査結果が返ってきました。デイヴィッド・コーウィンとエルナ・オラフソンが1997年に，「ジェーン・ドウ」[訳注：名前が不明な女性や本名を伏せたい女性に用いる仮名]という名を使ってニコルの体験を記した「失われた性的児童虐待の記憶の発掘の記録」という記事を発表しますが，ロフタスはその前に『抑圧された記憶の神話』を執筆していました。

記憶が突然蘇ったという少女の記事を読んだロフタスは，自らの手で調査したいと考えました。ロフタスはその事案に違和感を抱きました。しかし，少女には「ジェーン・ドウ」という仮名が使われ，その他の情報もすべて曖昧に書かれています。両親の暮らす町はそれぞれ「ママタウン」「パパタウン」と表記され，父親が亡くなった日付も変えられていたうえ，養母の名前も伏せられていました。ニコルが記憶を取り戻したのは未成年のときでした。コーウィンとオラフソンは，ニコルの身元がばれないよう，しっかりと保護する必要があったのです。

しかし，ロフタスは「ジェーン・ドウ」の障壁を打ち破ってみせました。

ある夜，ロフタスは夕食のゲストを待つリビングで私に話してくれました。多忙なロフタスと話をする際には，もたもたしていてはいけませんし，脅かすようなことも禁物です。かつて彼女は，回復記憶[訳注：無意識の領域に封印された記憶があるという「抑圧された記憶」の仮説において，カウンセラーによる催眠などの療法で回復した際の記憶のこと］の研究が気に食わない人たちから，殺害予告を受けたことがあるのです。それを機にロフタスは銃の扱い方を習得し，オフィスの壁には今でも練習用の的がかかっています。

「どうやってニコルの本名にたどり着いたのですか？」と私は尋ねました。

「コーウィンがビデオテープを送ったうちの一人が私の博士課程の教え子で，記事について評論を書いていたんです。そこで，私の自宅のリビングでビデオを見せてもらうことにしました。するとビデオの中で，コーウィンがうっかり『ニコル』と呼ぶのが聞こえ，生まれた町の名前も聞こえたんです。それが最初の手掛かりとなり，順を追って調べていきました。彼女は父親が11カ月前に亡くなったと話していたので，死亡時期から調査範囲を絞り込みました。すると，複数の共通点がある訴訟が見つかりました。私は死亡記録を入手すべく，社会保障記録の調査方法を調べました。そして，新聞社に死亡記事欄をもらえないか問い合わせ，ニコルという娘がいる人物を探そうと考えたんです。とてつもなく長い道のりでした」

ニコルの本名をつかんだロフタスは，彼女の故郷へ私立探偵を送り込みました。そしてニコルは，友人からのポケットベルで，周辺を嗅ぎまわっている人物がいると知り，身元がばれたことを悟ったのです。

ロフタスの調査団は重大な情報を入手しました。

ニコルの家族の友人だという人物から，「申し立てにあったようなことは起こっていない」との証言が得られたのです。ニコルの弟も「母がニコルを虐待するなどあり得ない」と言います。ニコルが17才のときにビデオを見て以来，関係がぎくしゃくしてほとんど会えなくなっていた実母が，「こんな日が来るなんて夢のよう」とロフタスの肩で涙を流しました。ロフタスは，ニコルの父親による証言の信頼性に懸念を抱きました。周辺から飲酒問題が漏れ聞こえ，ニコルの祖母は，息子が孫息子を殴打し，「顔は原形もとどめぬほど腫れあがり，ぐったりとして動くこともできなかった」と裁判所に手紙を書いていました。

ロフタスは，ニコルの父親の恋人だった女性に話を聞きました。「本当のことを言ったら，すぐにここから出られるわ」と語り，ニコルの足のやけどを見たとコーウィンに話した人物です。彼女はロフタスに，ニコルの父親とともに「性的な角度」からニコルと実母を引き離そうとしたと打ち明けました。「できることはすべてやりました」と彼女は言いました。証拠書類になる「やけどの診断書をもらうため」に，いくつも病院を回ったといいます。そもそもやけど自体に疑問が残りました。ロフタスは別の精神科医が「ニコルには水ぶくれや表皮剥離を伴う真菌症が見られ，手足に熱傷を負ったとは断言できない」と書いた診断書を見つけたのです。ニコルの母親にも同じ症状がありました。彼女は皮膚がまだらに剥がれた指をロフタスに見せました。ロフタスはニコルの養母も探し当てました。養母は，ニコルを連れてやけどの現場とされるキッチンを訪れたところ，ガスコンロが設置されていたと証言しました。もちろん，のちに付け替えられた可能性もありますが，やけどの跡と一致するコイル式のものではなかったのです。さらに，ロフタスが「最も印象的だった」と語る証拠が見つかりました。コーウィンより早くニコルの事例を調査していたセラピストによる報告書です。そこには，ニコルが「自発的に」ではなく，「機械的に練習通りに」話している印象を持ったと書かれていました。

ロフタスが調査を進めるあいだ，ニコルは知り合いに電話で問い合わせるなどして，探偵を雇った人物を突き止めようとしました。高校を卒業したばかりだったニコルは，身辺を嗅ぎ回られるとすれば，例のテープの一件しかないとわかっていました。ニコルは動揺してコーウィンに電話をかけ，ロフタスにたどり着いたときには大学に抗議しました。

「オフィスにやってきた大学の職員にファイルを取り上げられました」とロフタスは振り返ります。「信じられませんでした。私にはそれが不当に訴えられた事例だという確信がありました。それなのに，他人の人生に首を突っ込んで問題を起こしていると言われたんです。ショックでした。私が分析結果を出版したのは，和解から２年後のことです」

ロフタスはメルヴィン・ガイヤーとの共著で，『スケプティカル・インクワイアラー』誌に「誰がジェーン・ドウを虐待したか」という前後編にわたる記事を書きました。前編では，「ジェーン・ドウが実母から肉体的また性的虐待を受けていたことを疑う理由，また実母が虐待していたという仮説を支持する『補強証拠』の多くを疑う理由が十二分にある」との見解を示しました。

ロフタスが研究するような事例に取り囲まれていると，証拠が拮抗するような場合には，合理性が信念を自制すると考えるのもうなずけます。間違いには犠牲がつきものです。信念を停止し，危険な間違いを犯さない保証を得るのが得策でしょう。ロフタスの言葉を借りれば，間違いだと判明するような何かを早計に信じるリスクを冒すよりも，「仮説を疑う」方がよいのです。

しかし，それではもはや証拠について考慮しなくなります。証拠が特定の仮説を正しいと証明するかどうかではなく，仮説を拒否するに足るほかの正当な根拠があるかどうかが問題になるのです。たとえば，信じたことがのちに間違いだと判明したときの代償といった根拠です。特定の間違いがとくに大きな犠牲を伴う，あるいは信念の自制による代償を上回る場合，合理性が信念を自制させるだろうことは容易に想像できます。マーク・シュローダーはこのような考え方について，間違いと代償を補正することにより，「まだ合理的に信用するに至らない」何かの「よりよい証拠を手にする」ことができるという趣旨のことを述べています。実用主義的な考察は，パスカルに端を発する醜名にもかかわらず，何を信じるのが合理的かを判断するにはふさわしいのかもしれません。

間違いの代償が問題になる場合，私たちはウィリアム・ジェームズのように，「真実を信じること」と「間違いを回避すること」は，証拠が不十分な場合の実質的に異なる二つの目標と考えるかもしれません。「真実の追究を第一に，間違いの回避を第二に考えるだろう」とジェームズは言います。「あるいは間違いの回避が必要不可欠で，真実の追究は運任せと考えるかもしれない」。トマス・ケリーは次のように説明しています。

> 偽の命題を信じないことに重きを置けば，信じることにとても保守的になり，証拠が豊富にある命題だけを信じるようになる。一方，真の命題を信じることに重きを置けば，証拠が豊富でない命題を含め，多くの命題を信じるようになる。

私たちはどちらを選ぶべきなのでしょう。

「あなたがニコルだったら何を信じますか？」私は最後に尋ねました。

「そうですね……父親は亡くなり，養母はニコルの過去に関わりがありませんでした。起こったことに関する一つの仮説は，彼らの影響でニコルがそれを信じたということです……現在のニコルと実母の関係はわかりません。実母と良好な関係を築いていれば，それがブレーキになったかもしれませんが，ニコルに「信じさせておきたい」と考える抑圧された記憶の支持者と関わりが深ければ，そちらの影響を受けるでしょう。実際のところはわかりませんが，知りたいとも思います。人々は『ニコルは信じているのか，それとも信じていないのか』『ニコルはどう考えているだろう』と関心を寄せるのです」

「本当にあったことだと思う日もあれば，そんなふうに思えない日もあり，今もそのはざまで揺れています。だいたいは実際に起こったことだと受け入れているのですが……それでもやはり信じられないときもあるんです」

ニコルは年を重ね，母親になりました。ニコルと話をする直前，私はニコルがどんな人物かまったく知らないことに気づきました。彼女について書かれた記述をあまりに多く読んできたばかりに，実際の人物像は転換点が重なるひだの中へ消えてしまうのです。彼女は名前も実体もない「ジェーン・ドウ」でした。そして，法的に自ら発言できない幼い彼女のために，児童保護システムの弁護士，精神分析医，里親が代弁し，その実像が動き始めました。ニコルがついに自らの名前と意志のもとに行動を起こし，ロフタスの大学に抗議することになったのは，それまでベールに包まれていた物言わぬ彼女の物語に，多くの人々の関心が寄せられたからにほかなりません。ニコルは物語の中心に立ちながら，声もなく，実体も見えない存在でした。まるでロアルド・ダールの小説の第1章で，早くも殺されてしまう主人公の親のように。

しかし，実際のニコルは，毅然として，それとは正反対の人生を自発的に歩みました。上位5％以内という優秀な成績で高校を卒業したあと，18才で合衆国海軍に入隊し，ヘリコプターのパイロットになりました。映画『地獄の黙示録』に登場するような，「シーホーク」などといういかめしい名前の真っ黒な巨大ヘリを操縦していたのです。ハワイに駐留し，軍隊式体力試験を難なくこなし，海軍の奨学金を勝ちとって入学した大学で，心理学の学士号を取得しました。さらに二つの修士号と博士号を取得した現在は，育った町からほど近い町のクリニックで診療を行っています。ニコルはインタビューの際，ここでの発言は専門家としての意見ではないと断りを入れました。ダークブラウンのカーリーヘアと，ライオンのような横に広い面持ちは，幼少期と変わりません。高い頬骨とえくぼが魅力的ですが，あいにく私たちの会話は，笑顔で交わせるような内容ではありませんでした。

「それが自分自身だとわかりながら，座って画面越しに自分を見るというのは不思議な体験でした。今でも妙な気持ちになります。私は，ビデオに映る幼い自分を見て記憶が戻り，すべて解決することを望んでいました。でも，そうはならなかった。つかの間は解決したように見えました。しかし，ロフタスの一件で迷宮へ逆戻りです」

「私の人生にロフタスが土足で入り込んできたときには，強い憤りを感じました」とニコルは続けます。「私はとても長い時間をかけて，性的虐待の被害者，そしてエリザベス・ロフタスの犠牲者であるという事実の上に，アイデンティティを築いてきました。ロフタスがどうして自分の行為を正当化できるのか，私には理解できません」

ニコルがロフタスの記事のことを知ったのは，すでに発行されたあとでした。海軍の友人と書店で一部買い求め，一緒に読んでショックを受けました。記事では「ジェーン・ドウ」の仮名に戻されていましたが，ニコルはロフタスを名誉棄損とプライバシー侵害で訴えました。

記事の問題の一つは，記述に誤りがあったことでした。

ロフタスは記事の中で，コーウィンはニコルに記憶があることを前提として，それを見つけようとニコルを追及していたと主張していました。そして，コーウィンがニコルの養母に電話をかけて，「研究をしているので再度ニコルから話を聞きたいと言った」とも，その事例を抑圧された記憶の証明と考えていたとも書かれていたのです。コーウィンは私に「何かを証明したと主張したことは一度もない」と断言しました。「私たちはただ『興味深い事例なので議論すべき』と話しただけで，強硬な姿勢を示した事実はありません。何十万本，いや何百万本という証拠ビデオの存在意義についても疑問を提しました。それらの保管システムの在り方，また，幼少期の出来事の基盤となる情報を成長してから知る権利について，問題を提起したんです。しかし，そのことには触れられていませんでした」

ロフタスの記事は，ニコルの弟の「虐待はなかった」という発言を扱っていますが，実は彼が重度の脳損傷を負い，深刻な記憶障害の後遺症があることには触れていません。ロフタスはTEDトーク2003でも話したように，コーウィンがビデオを「一般に公開した」と書いていますが，コーウィンはビデオを公開するどころか，私にコピーを送ることさえ拒みました。「誰もが欲しがりますが」と彼は言いました。「誰にも渡せません」。カリフォルニア州議会での発表の際も，テレビを180度回転させて画面を隠し，音声だけを流しました。どうやら問題は，ロフタスが急激なニコルの記憶の復活と，おぞましい「回復記憶」を区別できなかったことにあるようです。復活したニコルの記憶は，セラピストの長椅子で初めて発掘された物騒な記憶ではなく，彼女自身が小さい頃に話したことでした。コーウィンは17才になったニコルに対して，父親と母親のどちらの話題であるかは明言せず，ただ性的虐待について覚えているかと尋ね，ニコルが記憶を取り戻したのです。名誉棄損とプライバシー侵害の裁判のあいだ，追加情報合戦を繰り広げながら，議論は一進一退を続けました。そして数年後，すっかり疲弊したロフタスとニコルは和解に至りました。

ロフタスにとって，記事の誤りは記事の本質とは無関係でした。

「和解の成立を目指すにあたり，謝罪することはあるかと弁護士に聞かれたんです。唯一あるとすれば，彼女を傷つけたことでした。しかし，不当に非難されたはずの女性を救うべく行動を起こしたことについては，謝罪するつもりはありません。人々は『これはニコルの問題で，ニコル個人の権利だ』と言うでしょう。しかし，これは彼女一人の問題ではないのです！　虐待がなかったとニコルが気づき，実母との関係修復のきっかけとなり，母が娘を取り戻すことができたら？　ハッピーエンドになったはずです」

「それがあなたの望んだ筋書きだったのですか？」と私は尋ねました。

「そうなればいいと願っていたかもしれません」

しかし，そんな証拠のやりとりがニコルを混乱させ，いら立ちの種となりました。

「どちらかへ真っ直ぐ手を引いてくれるような証拠が一つも見つかりませんでした」。それどころか，ニコルの心は竜巻の中で翻弄される風見鶏のように，高速で回り続けたのです。

「ビデオを見たときは，画面に映るあの小さい女の子が嘘をついているなんて信じられませんでした。だから私は何の異論もなく，それが本当の話だと納得したんです」

「本当の話ではないと思うときは，女の子についてどう考えているのですか？」

「それにはどう答えていいかわかりません。あの子は本当だと信じて話していたわけですが，私は彼女の話を本当だと思うよう仕向けられたか，騙されたということになりますから」

「あなたはビデオのことを話すとき，『あの少女』とか『あの子』と三人称を使いますね。それは自分自身のことだと感じられないということですか？」

「ときどきは自分じゃないように感じます。とくに本当の話だと思えないときに三人称になるようです。自分が嘘をついていた，あるいはごまかしていたとしたら，それは自分の一部として受け入れ難いことですから」

「これほど重大なことに関する判断を保留することは，人にどんな影響を与えるのでしょう」

こちらが不安になるくらい長い沈黙が流れました。

「不確実性は……私を支配する天空でした。私はずっと不確実の世界を生きてきたのです。それはあらゆる関係性に何らかの影響を及ぼしました。母親から性的虐待を受けていたかどうかにかかわらず，自我を確立することが求められましたが，そんなことは無理な話です」

ニコルの事例は，さまざまな信念の代償と実際的な結果を物語っているようにも見えます。それらは証拠そのものと同じくらい重くのしかかるのだと，ニコルは言います。

「本当にあったことだと思う日は，それを真実として信じたいと願っています。それが本当にあったことだと強く信じている人たちが大勢いるわけですし，私はエリザベス・ロフタスが正しいとは思いたくないのです。もう一つの道を行く方が少しは楽だとわかっていても，私は自分を納得させながらこの道を歩いています」

しかし，見方を変えれば，彼女の物語には信念の代償以上の意味があります。それは自制による代償の物語でもあるのです。間違いの代償が問題になるなら，自制の代償も問題になるでしょう。

間違った信念だけが巨大な衝撃波と計り知れないほどの痛手を引き起こすわけではありません。真実だと判明した何かを信じ損ねても，同じ代償を払うことになるかもしれないのです。

ニコルの実母は生きています。ニコルは母親と話をするべきでしょうか，あるいはするべきではないでしょうか。実母が無実だとすれば，ニコルはそれを信じずに，判断を保留して人生を送ってきたことになります。その場合にニコル（と実母）が受ける自制の代償は，「母親に虐待された」と誤解していた場合に受ける間違いの代償よりも小さいでしょうか。私にはわかりません。母親に虐待されたことに確信がない人の行動は，虐待があったと確信している人の行動と酷似すると考えられます。いずれの場合も，母親を信頼して子どもを預けたり，無実が証明されたり，二人の関係が疑念の緊張から解放されたりすることはありません。

ここで問題となるのは，信念に確信が持てない人の精神状態と同じくらい，進歩のない行動は見つけにくいということです。信念の領域には三つの選択肢があります。物事を信じること，拒絶すること，そして判断を保留することです。しかし，合理性に関する著作が多数あり，自らの名を冠する会議「フェルドマニア」が開催される哲学者のリチャード・フェルドマンは，行動に関しては実行するか実行しないかの二択しかないと述べています。「永遠にためらうことは実行しないのと同じだ」とフェルドマンは指摘しています。つまり，ニコルは母親と話すか，話さないか，選択肢はこの二つなのです。

ニコルは実母と話すことを選択しました。しかし，普通の母娘関係というわけにはいきません。

「話したのはそれほど前のことではありません。母はそのとき，虐待がなかったと私が納得できるような証拠をすべて書き出すと言いました。しかし，私はそれをまだ見ていませんし，見たいのかどうかもわかりません。ただ，母が私を納得させられるとはどうしても思えません」

「うまくいっていた時期も……あるのですか？」

「良い関係だったこともありますが，すぐに元に戻ってしまいました……母は私に40才ではなく7才でいてほしいんです。37才の誕生日には7才のようなパーティーを開きました」とニコルが振り返ります。「ケーキに私の好きな花の飾りをのせて，私の友だちにアイスクリームを買いに行かせて……そのとき思ったんです。過去に戻って私を世話したいという母の欲求には応えられないと……ひどくぎくしゃくした関係なんです」

間違いの代償が問題なら，信念の自制による代償も同じではないのでしょうか。この問いに対して，単純に「同じく問題である」と答える哲学者もいます。マーク・シュローダーは，間違ったことを信じる失敗と，何も信じず真実を見逃す失敗の違いを論じ，どちらも信念にある種の影響を及ぼすと指摘しました。「信念を自制する重大な理由の一つは，間違いを信じる代償が真実を信じる機会を逃す代償を上回ることである」

しかし，代償が問題だとすると，同じ証拠を前にした人たちが，自身を取り巻く利害関係や代償によって異なる事柄を信じるという奇妙な結果が生じます。こう言うと，歪んだ見方をしていると思われるかもしれません。合理的な行動が人の性質によって変わるとは考えたくないでしょうから。皆さんはきっと，タイラー・バージの信念の正当化と権利に関する考えに共感するでしょう。「根拠には，個人の関心に関係なく真実へ導き，真実を提示し，推進する働きがある。そのため，信念に対する根拠は個人や願望と関係づけて扱われない」というものです。

合理性の目的と間違いの代償の状態がどうであれ，私たちはニコルの物語から，証拠が不十分な場合は根拠が信念を自制するという確信について，今一度考えさせられます。その考えがやはり正しいとわかるかもしれません。しかし，本章の前半で述べたような，恋が実ったと早とちりする人に哀れみと共感性羞恥を抱くときよりも，その根拠ははるかに複雑なものになるでしょう。たとえ私たちの反応が妥当だとわかっても，合理性が目指すものは何か，代償が問題になるかどうか，そしてその理由は何かなど，答えの出ていない重要な疑問が残ります。

どう考えるべきかと悩んだニコルは，「何について」考えるか決意しました。何度もセラピーを受け，彼女は何とか均衡を手に入れました。不確実性から脱出する方法を探すのではなく，代償から逃れる方法を見つけたのです。

「私は妻，キリスト教徒，精神科医，そして友人として，人生と自己意識を構築しなければなりません。それらが私を支えるアイデンティティなのです。ほかの物事や自分自身の別の部分について考えることが習慣化するまで，意識的に選択を繰り返します。ある種，これは健全な方法でしょう。生還者としてのアイデンティティの上にうまく立てる人と，それがどうしてもできない人がいます。私がついに別の生き方をする選択をしたときは，ダイエットを始めたような感じでした。始めてはみたけれど，意欲を失って，もとの食生活に戻ってしまうような。別の生き方を試したものの，古い考えに戻ってしまうのです。完全に適合できるまでには数年かかると言われました」

「重大な不確実性の中で生きている人たちに伝えたいことはありますか？」と私は尋ねました。

「難しい質問ですね」。ニコルはしばらく考えてから口を開きました。「誰もが自分なりに時間をかけなければならないという点で，それは許すということに似ています。急かされると逆に『放っておいて』と意固地になるものです。いつ先へ進むべきか，みんな自分で決めなければなりません。恐れながら生きた人生だったなんて最後に思いたくはありません。一晩で解決するとは言いませんが……少しずつ進んでいけるはずです」

私がニコルの物語を調べていたとき，人々は繰り返しこう尋ねました。「それで，あれは本当だったの？」不確実性は，その代償がどうであれ，とても居心地の悪いものです。しかし，そこに答えはなく，あるいは答えがあったとしても気づくことができません。私たちが手にしているのは，双方が最重要と考える証拠だけです。私はそれに加えて，マイケル・ホールが『テキサス・マンスリー』誌に書いた記事から別の情報を入手しました。成長したニコルがコーウィンと再会した数年後，ニコルの養母――ビデオを見て「これでよかったのよ」と発言した里親――がテキサス州警察にやってきて，養育している子どもたちが薬を盛られて「ポルノクラブ」へ連れて行かれ，大人たちが見つめる前でダンスを強要されて撮影されたと訴えたのです。のちに，そのうちの一人だったはずの養女が，「そんなことは起こっていません」と，養母の訴えを一蹴しました。

さて，これはどういうことでしょう。ニコルが子ども時代に最初の証言を行ったとき，養母はニコルの人生と無関係でした。何を信じるかは，あなた次第です。

第6章

真実の衝撃を受け止め，心配しなくなる方法

心には理由がある。理性ではわからない理由が。

——ブレーズ・パスカル

さて，本当の父親が誰かなんて，誰にもわからないことなんだよ。

——ジョン・ムレイニー

自宅のドアベルが鳴ったとき，ピーターはジャムをつくっている最中でした。玄関先には年配の女性と若い女性が立っていて，一人はカメラを持っていました。

「昔この家に住んでいた者ですが」と女性がピーターに言いました。「通りの向こう側から写真を撮ってもかまいませんか？」

「すぐにおかしいと思いました」とピーターは当時を振り返ります。「黙って撮ればいいのに，わざわざやってきたんです。家の住人と接触する以外に目的なんてあるでしょうか」

ピーターがジャムづくりに励んでいたのは，緑豊かなシドニー郊外の植民地時代風の家でした。電気が通る前に建てられた家で，電話線や電気系統の線は穴だらけの幅木《はばき》の中を通り，夏には熱気のせいで木製のドアが開かなくなります。

ピーターはドアを閉めて家に入りました。なぜだかひどく動揺していました。

「とても奇妙な感覚でした」とピーターが振り返ります。一緒にいた友人には「顔色が灰のよう」で，「強盗に押し入られたときなんかより動揺して見える」と言われたそうです。

女性二人組は玄関まできた本当の理由を言わず，ピーターも尋ねずじまいでした。

ピーターは，ニューサウスウェールズ州の小さな町で，愛情深い両親のもと，一人っ子として育ちました。「農場で育ち，まるで絵葉書のように完璧な人生でした。両親は愛情をたっぷり注いでくれました。今思えば過剰なくらいに……両親は固い絆で結ばれていて，私は不安など感じたことはありませんでした」。実際，あまりにものどかすぎた子ども時代が，のちに仇《あだ》となりました。青年期を迎えたピーターは，演技を学ぶためにシドニーへ引っ越しました。メソッド演技法の有名な俳優たちを輩出した演劇学校に入学し，トラウマを演劇に活かすなど，内面を掘り下げた役づくりを学ぶためです。授業では俳優の卵たちが輪になって座り，子ども時代の恐怖体験を披露して演技につなげていきます。「僕は輪の中で考えていました。『やばい，エピソードが一つもない。急いででっちあげないと！』」

ピーターを大事にしていたのは両親だけではありません。おじおば，祖父母，遠い親戚までもが，ピーターに愛情を注いでいました。「みんなの子であるかのように，不自然なほどかわいがられました。家族も親戚も僕を特別扱いして。あまりにもちやほやされて，実のところ，少し戸惑っていたほどです。ほかの親戚の子より，いつも優遇されていました」。34人もいる孫の中で優遇されていたと言うのだから，よほどのことだったのでしょう。

ピーターは現在，演劇の舞台セットと衣装のデザイナーとして働いています。美しい縮尺模型を何時間でも触っていられるような，穏やかで几帳面な性格です。彼のキッチンの戸棚は，まるで静まり返った寺院のように，お揃いのプラスティック製容器がきちんと重ねられているそうですが，だからといって，リネンの服しか身につけず，螺旋《らせん》のような派手な装飾を嫌うスカンジナビア風ミニマリストというわけではありません。彼の作品は複雑なデザインを避けながらも，演劇作品の混沌をうまく表現しています。簡潔に多くを語るその能力から，ときに痛烈な皮肉が飛び出します。衣装を担当した作品の記者会見で「見どころは？」と聞かれ，彼は「裾上げしていない点」と答えました。二度採寸して一発裁断──慎重な仕事ぶりのなせる業でしょう。

ドアの前に現れた二人の女性について話すときにも，そんな感性がかいま見られました。ピーターは，ときに身振り手振りを交えながら，焦らず細かな部分まで丁寧に話します。「昔から何かが足りないと感じていました。人間には視覚や聴覚や嗅覚などのほかに，もっと生きやすくなる感覚があるのではと空想していました。たとえば，自分がゲイだと気づいていなかったこととか，思春期の倦怠感だとか。そんな疑問について考え続け，ようやく答えが見つかったとき，『自分は頭の中で本を書いていたのか？』と思うのです」

自宅に女性が訪ねてきたとき，ピーターはすでに落ち着いた中年男性になっており，パートナーがいて，仕事も充実していました。父親がずっと前に亡くなっていたため，年老いた母親の面倒を見られるよう，自分のすまいの近くに呼び寄せました。黄斑《おうはん》変性症のせいで目が悪くなっていた母親のために，午前中の世話を介護士に頼み，午後には彼自身が母のもとを訪れました。やかんでお湯を沸かし，廊下のテーブルの上に置かれた郵便を持ってきて，お茶を飲みながら母親に読んで聞かせるのです。

二人の女性がピーターの前に現れてからおよそ2週間後，いつものようにお茶を飲みながら郵便物を確認していたピーターは，一通の手紙の送り主の名前を読みあげました。「社会福祉課からだ」と彼は言いました。「一体どんな用件だろうね」

「ああ」とピーターの母親が反応しました。「中身を見る前に聞いてちょうだい……おまえは今まで自分が養子かもしれないと思ったことはないの？」

このときの衝撃の大きさを伝えるために，少し説明を加える必要があるでしょう。ピーターは中年期まで自分が養子であることを知らずに生きてきました。つまり，彼の両親は50年近くもその事実を隠していたのです。両親だけではありません。小さな町の秘密というものは，みんな知っているか，一人も知らないかのどちらかです。ピーターの秘密は，みんなが知っていました。「小さな田舎町では妊娠を隠して子どもを産むなんて不可能です。秘密になんてできません。ある日の午後，買い物先の肉屋で，店主に『嫁さんは元気にしてるかい？』と尋ねられ，父は『ああ，元気だよ。明日子どもができるんだ』と答えたんです」

「でも，あなたは知らなかったんですね？」私は尋ねました。

「子どもなら誰でも，もしかして自分は養子なんじゃないかと一度は考えたりするものでしょう。そうであってほしいと願う子どももいます。しかし，私はそんなふうに思った記憶がないし，誰も何も言わなかったから……」ピーターの声は次第に小さくなりました。

「パートナーのスティーヴンがお互いの家族に会う計画を立てて，祖母の家に親戚中が集まったことがありました。祖母宅のダイニングには200年ほど前からの家族写真や肖像画がずらりと飾られてあるんです」。おそらくスティーヴンは，ピーターに似た親戚の顔を見つけたのか，あるいは単純に写真の多さをジョークにしたつもりだったのでしょう。「スティーヴンは親戚全員の前で，『少なくともピーターが養子で貰われてきた子どもじゃないことは明らかですね！』と言ったんです。つまり，本当のことに気付かなかったのは，私だけではなかったというわけです」

ピーターの自宅のドアをノックした二人の女性は，彼を生んだ母親とその娘，つまりピーターの異父妹でした。二人は長年，ピーターの所在も連絡先もわからないまま過ごしてきました。オーストラリアのニューサウスウェールズ州では，数十年にわたり，養子縁組の記録が法的に「非公開」と定められ，子どもの生みの親が育ての親と連絡をとることも，居場所を知ることもできませんでした。ピーターがジャムをつくっていた1990年代後半，支援団体による政府への働きかけが実り，記録が開示されました。ピーターの生みの親と同じような境遇の人たちが，実子との接触を許されたのです。この大きな方針転換は，養子縁組を利用する人それぞれの事情によって，異なる意味合いを持ちました。家族の事情や宗教的理由による悲劇的，あるいはトラウマをもたらす決断だったという人もいれば，決断以前の問題だったという人もいます。母親が未婚か先住民，もしくはその両方だった場合など，赤ん坊が生まれて数分後，もっと「ふさわしい」家庭で育てられるようにと無理やり取り上げられるのです［訳注：オーストラリアでは1970～80年代に先住民の子が無理やり里子に出されるという差別的な時代があった］。その一方で，ほかの人たちにとって，養子縁組は子どもを手放したり育てたりする望みが叶うありがたい制度です。新しい法律の記録開示に関する追跡調査では，立場の違いによって，当事者たちが異なる感情を抱いていることがわかりました。

> 前者は新しい法律が以前の秘密保護を継続するのはおかしいと考え，後者は子どもを迎えたり手放したりしたときに保障されていた守秘義務を反故にするとは甚だ不公平な遡《そ》及《きゅう》的法律だと考えている。

ピーターの養父母のように，里親が養子に真実を伝えていない例もあれば，実父母が新しい家庭を持ち，子どもを手放した過去を現在の家族に知らせていない例もありました。そのため，新しい法律では，養父母と実父母ともに「接触拒否権」行使の申し立てができるよう規定されていました。しかし，ピーターの養母は健康上の問題により，その通達を知らずに過ごしていました。法律の改正を知ったのは，二人の女性がピーターを訪ねた同じ時期に，養母の家のドアがノックされたときでした。玄関のドアを開けると，そこにピーターの生みの母と異父妹が立っていたのです。ピーターが事実を知る前，二人はピーターについて尋ねるために，養母のもとへ何度か足を運んでいました。おそらくそのときの会話の中で，ピーターが近くに住んでいることを養母が話したのでしょう。

「母は恐怖におびえていたことでしょう」とピーターは言います。「そうなってしまった以上，もう取り返しはつきません。それなのに，どうして『ゲームオーバーね！』と単純に言えなかったのか。きっと母は，息子が自分のもとから去ってしまうことを恐れていたんでしょう」。すっかり取り乱した母親は，自分の妹に電話をかけ，何がどうなっているのかさっぱりわからないと訴えました。そして，母親の妹が社会福祉課に問い合わせの手紙を書いたのです。数週間が経過しました。「おばは『ピーターに伝えるべきだ』と母に迫っていた」ようですが，母親がピーターに真実を打ち明ける前に，社会福祉課からの返事が母のもとに郵送されてきました。そして，その封書はほかの郵便物に交じって廊下のテーブルの上に置かれ，ピーター本人が手にとることになったのです。

「それで母は，自分が養子かもしれないと思ったことはないかと尋ねたんです。おかしいでしょう？　思うように反応できないなんて。母は，私が真実を知れば，その瞬間にドアを開けて去り，二度と姿を現さないだろうと思っていたのです」

しかし，そうはなりませんでした。ピーターには怒りも，また驚きもありませんでした。

「感謝の気持ちが先に立ちました。『実の息子でもないのにここまでしてくれた』と。この両親に育てられて幸せだったと特別な気持ちになりました。私は母に言いました。『母さんは完璧な母親じゃないかもしれないけど，とてもいい母親だったよ』と」

ピーターは母親にキスをして自宅に戻り，庭に出て2時間も泣き続けました。

「自分でもどうして泣いているのかわかりませんでした。おそらく，亡くなった父親を安心させてあげられなかったことが悔やまれたんです……父とはとても仲が良く，父を亡くしたときはどん底に突き落とされました。私は庭で涙を流しながら考えました。『父は私が真実を知ったら両親を拒絶すると思い，さぞ苦しんでいただろう』と。喪失感に押し潰されそうでした。最高の父親だったと伝えてあげたかった」

その後，ピーターの唯一の疑問は，なぜ今まで気づかなかったのかということでした。

「母にもわからなかったようです。『学校で誰かに何か言われれば，それがきっかけになって知ることになるだろうと覚悟していたけれど，そんなことは一度もなかった。そのうち思春期を迎えて打ち明けづらくなり，すぐに遠くの大学へ行ってしまったから……』と。だから両親は考えるのをやめたんです。本能的に『わざわざ波風を立てる必要はない』と思ったのでしょう」

事実を並べて見れば，ピーターの事例は絵にかいたように合理的な意識改革だったように見えます。「育ててくれた女性が実の母親である」と信じていた彼が，それを覆す巨大な証拠を突きつけられて，信念を捨てることになったのです。ですから，これが意識改革の物語ではないと聞けば驚かれることでしょう。これは，ピーターが意識改革を行わなかった物語なのです。家族に対する彼の態度と感情は，変わることがありませんでした。荒れ狂う川に放り込まれても，流されることなく，ずぶ濡れになりながらも奇跡の脱出を果たしたのです。

「きっと理解するのは難しいでしょう。夕食の席では話題がその話に集中してしまい，ほかの話ができません。先日も私がこの話をすると，みんな自然と，嘘をついていた養父母が悪人で，私がさぞ怒っているだろうと想像したようでした。だから私は，『正直，これで本当によかったんですよ』と説明しなければなりませんでした」

家族だと思っていた人たちと生物学上のつながりがないことが判明すれば，想像を超える影響を受けます。系譜学や法律の世界では控えめに「非実父」と呼ばれますが，その存在は数世代にわたって影響を増幅させます。十世代隔てた人物にたどり着くまでに，生物学的つながりがある確率は，コイントスで裏を出す確率ほどに低下するのです。たとえ二，三世代の隔たりでも危険は潜んでいます。オンラインで簡単にDNA鑑定が受けられる今日，長らく葬られてきた家族の秘密が掘り起こされるかもしれません。誰が誰の本当の父親か，一緒に暮らしてきた人々の何を本当に知っているのかについて，劇的な意識改革を強いられるのです。

こうした強制的な意識改革の場合，それまでの関係性や親密性をそのまま保つという選択肢は除外されます。愛する人に対しても，もはや愛しているのかどうか，というレベルで意識改革が起こるのです。

サンフランシスコで暮らすダニー・ラミレスとアンドレア・ラミレスは，同じ両親のもとに生まれたごく普通の兄妹だと思っていましたが，DNA分析会社から送られてきた鑑定結果により，母親も父親も違うことが判明しました。カリフォルニア州のジャクリン・バクスターは，会ったことのない異母兄弟が3人もいると知りました。また，ある生物学者は，ギリシア悲劇さながらの不運に見舞われました。ゲノムについての講義でネタにしようと，軽い気持ちでDNA鑑定を依頼した結果，明らかに両親の結婚後に生まれた異母兄弟がいるとわかったのです。父親に確かめるべきかどうか悩みましたが，結局は問いただし，それが両親の離婚の引き金となりました。彼はニュースサイト『Vox』に匿名で記事を投稿し，「私たち家族には修復するだけの結束がなかったし，元に戻れるとしてもどれだけ時間がかかるかわからなかった」と述べています。

そのような出来事に対する合理的な反応とはどのようなものでしょう。事実の変化は合理的に感情の変化を引き起こすのでしょうか。ピーターが突きつけられた事実によって，家族に対する思いがしぼんだようには思えません。それとも，そうなるべきだったのでしょうか。

家族を愛する気持ちにどうして変化がなかったのか，その理由を問うときにさえ「合理的」という言葉を使うのはおかしいと思われる人もいるでしょう。愛する気持ちを変える方法などないと言われるかもしれません。結局のところ，愛とは感情であり，感情と理性は水と油なのだから，と。

実は私も，このバカバカしい議論が好きではありません。理性と感情は無関係だという概念が広く浸透しているばかりに，二つのくだらない思考がまかり通ってしまうのです。

一つ目は，ただ感情というだけで不合理だと考えること。事実と根拠に反応しないのなら，それは事実と根拠に対してよい反応ができないということです。つまり，議論している相手が感情的な反応をすれば，彼ら（「彼女ら」

であることが多いと思われていますが）は不合理だということになります。

二つ目は，自分あるいは他人の感じ方について考えを変えようとしても無駄だということ。感情が事実と根拠に反応しないのなら，事実と根拠に対してまずい反応ができないということになります。数える手間は省きますが，私はこれまで，感情的な人の意識改革を試みてはあきらめる人を何人も見てきました。彼らはさじを投げる理由として，説得が最も必要とされる場面で感情的になるという事実を挙げます。私のこのような視点は，恩師であるサム・シュパル教授の影響を受けています。シュパル教授は，愛と合理性をそれぞれ独立したテーマとして，また互いに関連するものとして広く研究していました。彼はかつて，学生の半分が残りの半分と付き合っているクラスで愛について講義を行いました。クラス内の恋愛事情などどこ吹く風。毎週のように，愛とは何か，愛には何が必要かと，価値観の違いを容赦なく浮き彫りにする文献を課題に出し，知らず知らずのうちにクラスメート同士の恋愛関係を次々と破綻させていたのでした。シュパル教授はまた，ABCラジオ・ナショナルの番組『ザ・フィロソファーズ・ゾーン』のインタビューで，「愛は盲目」という概念が浸透しているばかりに，好ましくない人間関係や仕事について注意してくれる合理的な友人も，こと危険なロマンスについては踏みとどまるよう助言することはほとんどないと語っています。

それに，愛情以外の感情の多くは，事実に対して合理的に生じているように見えます。かつて私は，寝室の幅木の中で不気味な羽音を立てるゴキブリを退治してくれれば100ドル支払うとツイートしたことがありました。心臓が早鐘のように鳴り，手のひらは汗びっしょりでしたから，ひどく感情的になっていたと言えるでしょう。私は恐怖におののいていました。ゴキブリに私の101号室が占拠されたと。そのときの私は，いくら説得されても聞き入れられなかったでしょうか。あるいは事実と根拠が私の気持ちを変えることはできなかったでしょうか。そんなことはありません。私がゴキブリだと思ったものが，実はまったく別の勘違い――たとえば記憶から抹消したいつまらないデートの相手が隠れていた（単なる比喩であり，実在の人物や物事とは関係ありません）――とわかる十分な証拠さえあれば，もう怖がることはなかったでしょう。事実が感情と出会う瞬間です。非常に感情的な精神状態だからといって，根拠や事実に無関心だという証明にはなりません。

それならば，ある事実の発見が，どうして気持ちに変化をもたらさないのかという疑問にも納得がいきます。カリフォルニア大学バークレー校教授で，理性と感情を専門とする哲学者で，子を持つ父親でもあるニコ・コロドニーが次のように述べています。「感情は非自発的な反応であるが，少なくとも根拠への反応でもある」

しかし，愛情もそれと同じような感情なのでしょうか。すべての感情がそれに当てはまるとは言えません。コロドニーが書いた哲学百科事典の「愛」という項目があります。できればその難解なページを開きたくはないものですが，そこには「愛する人に関するどのような事実が，その相手に対する愛の根拠かはわからない」という説明があります。怒りや恐れなど特定の感情だけが，事実に基づく説得を受け入れるというのであれば，ピーターに対する私の疑問はナンセンスということになります。事実によって愛は変わらないという単純な論理のもと，事実が変わってもピーターの家族への愛は変わりませんでした。よって，それが合理的かどうかという疑問も生まれません。

結局のところ，他者への愛が，その人について信じている事柄に基づくのであれば（その人が読む本の傾向に基づき，博学で機知に富んでいると考えるなど），それが本当ではなかったと判明したとき，愛せなくなるのではないでしょうか。実際の結婚生活や長い友情関係に当てはめて考えてみると，あり得ないことではありません。相手の頭脳や冒険心に惹かれた場合，それらの事実が変わった（認知症を患ってインドア派になったなど）とたんに，合理性によって愛情に変化が生じるというのはおかしな話です。シェイクスピアの有名なソネットにもこうあります。「移り気に心変わりするような愛は，真実の愛ではない」

それに，真実である事実に基づいてその人を愛するというのなら，事実が真実であれば誰でも愛するのでしょうか。あるいは，愛すべき事実がより多い人に乗り換えることになるのでしょうか。そうだとすれば，なんとも不快な結果です。文学のロマンスを題材として愛についての研究を行う詩人で哲学教授のトロイ・ジョリモアが，「自分の恋人が知り合いの中で一番楽しいか，ハンサムか，あるいは力が強いかと他人に聞くような人は，本当の恋人とは言えない」と書いています。彼の著書で，愛が「比較を超越する」ことについての章は，ロシアの詩人マリーナ・ツヴェターエワが，死に際のオーストリアの詩人ライナー・マリア・リルケに宛てた手紙で始まります。「あなたは私が最も愛した詩人ではありません」。ジョリモアは「『最も』という言葉が比較を表している」と指摘しています。

そしてそれは，愛が人の性質に関する事実に基づくと考えたときに問題となります。家族間の愛のように，愛がその人のアイデンティティに関する事実に基づくのだとすればどうでしょう。この本を執筆するにあたり，私は興味本位で，母親，子ども，兄弟姉妹など，家族を愛する理由を人々に尋ねてみました。すると，幸いというべきか，ほとんど誰も性質の評価を理由に挙げませんでした。その人の性質が家族愛の基盤になるのなら，両親に愛され続けながら反抗期を終えることはできないでしょう。また，子どもが性質によって親を愛するとしたら，親の立場であればなおさら安心できません。イギリスの作家ゼイディー・スミスが，アメリカのナショナル・パブリック・ラジオの番組『フレッシュ・エア』のインタビューで，親子関係の最も奇妙な特性の一つは，子が親の偽善と自己欺瞞を通り越して自己像を破壊できることだと語っています。子の親に対する愛は，性質の評価に反応するのではなく，しばしばそれを超越するのです。

どうして家族を愛するのかという私の問いかけに対し，人々は「母親だからね」などとごく単純な事実で答えました。困惑の表情を浮かべ，それでも「母親だから」と答えるのです。しかし，私たちはすぐに，ジョリモアが指摘するような愛の根拠の移行性に対する問題に立ち戻ります。訪ねてきた女性が生みの母親だったという発見は，ピーターが実母を愛する合理的な根拠になったでしょうか。

私たちが物事について「合理的」だとか，根拠に基づいていると言うとき，それは根拠に対して正しい反応と間違った反応があるということを意味しています。私の元ディベート仲間がかつて，私たちのまわりにいた超合理主義者たちを真似てこう言ったことがあります。「私は信念を持つのがよほど好きだって？　いや，論理の力がそうさせているだけだ！」ピーターのように，愛する根拠があるように感じるけれど，それを受け入れるかどうかは自分次第だといった場合は，どのように解釈すればよいのでしょう。

「最も衝撃が大きい余波の一つは……」とピーターは言います。「実の母親に会うことです。それはまるで，通りを歩いていて，人ごみから突然一人の女性を引っ張り出し，『あなたのお母さんですよ』と言われるようなもの。私はただその女性をまじまじと見て，バカバカしいと思うのです。あの『非現実的』な感覚は今でも忘れられません」

ピーターは，実の家族と関係を築こうと努力しました。ピーターも実の家族も，互いを見つけられて心が軽くなりました。母親は，ピーターが大切に育てられ，健康に成長したことを確認できました。ピーターは，母親が息子を案じていたこと, 今ではその心配がなくなったことを確認できました。ピーターは実母以外の家族とも顔を合わせ，母と訪ねてきた異父妹とも会いました。実母から実父の話も聞きました。家系図を調べたピーターは，ボスニア紛争で命を落とした親戚がいたことを知り，感慨を覚えました。しかし，互いの存在を見つけた動揺のあとも，彼らがただ境遇によって引き合わされた人たちだという感覚が残りました。

「実の家族のことは空想していました。でも，私にとっては里親の家族の方がより現実的でした。話し方，身のこなし，ユーモアのセンスなど，あらゆる側面で養父母の影響を受けています。50年ぶりに家族が再会するといったテレビ番組があるでしょう。滑走路を駆けて互いの胸に飛び込む場面を見ると，彼らはずっと何かが足りないと感じていたはずで，これが『復元』の瞬間なのだと思うのです。私には復元の必要はありませんでしたが」

しかし，ピーターに意識改革が起こっていたとしたら――長いあいだ嘘をつかれていたことが養父母との関係に亀裂を生んでも，あるいは滑走路を駆けていって生みの親の胸に飛び込んだとしても――それが間違いだったと彼を責めることはできないでしょう。どちらもあり得る反応であり，どちらも事実に対する反応です。事実への反応でないなら，赤の他人に駆け足で向かわせる愛とは何でしょう。しかし，反応が起こる領域を支配する合理性の法則を見つけるのは難しいことのようです。

「母が亡くなったとき，親戚中が『ピーターに伝えるべきか』と頭を悩ませているんじゃないかと思いました。だから，親戚を集めて『知っているから気にしないで』と伝えました。父方のおばが家にきたときは，海辺を散歩しながらこう告げました。『メアリおばさん，きっとこれまで僕に養子だと伝えるべきか悩んできたでしょう。でも，僕はもう知ってるから，心配しないで』。するとおばが言いました。『よかった。そのことを考えない日はなかったの』」

ピーターは笑いました。

「同級生にも話しました。『僕が養子だと知ってたのか？』と尋ねると，『そんなことみんな知っていたさ』と口を揃えました。『どうして教えてくれなかったんだ！』と言うと，『だって，一度も聞かなかっただろ？』と言われましたよ」

さまざまな意味で，ピーターは理想的かつ合理的な意識改革を遂げました。彼は証拠から目をそらさず，否定せず，居心地のよい架空の世界へ逃げ込んだりしませんでした。羞恥や混乱に屈することなく，真実をありのまま受け入れたのです。

しかし，そんな彼の反応はまた，答えの出ていない多くの問いも浮き彫りにします。合理性は何の上に成り立っているのか，合理性は私たちに何を求めるのか。合理性は最善への近道なのか，それとも幸福のように，追求すればするほど遠のいてしまうのか。適切な感情の反応とは？　私たちにとって重要な事実とは？　そしてそれをどう決めるべきか？　これらは合理性が沈黙する問いなのか，それとも私たちが耳を塞いでいるだけなのか……。

会話も終わりに近づき，ピーターが笑いながら言いました。「まるでセラピーみたいだ」。実際，本書執筆のために行った取材で，私もピーターと同じように感じていました。私がそこで出会ったのは，すべてが根底から覆され，すべてが揺るぎ始めるような，大きな混乱を伴う物語でした。「新しい事実にすべて壊されてしまうことだってあり得る」とピーターは言います。「僕はラッキーだった。自意識が強かったんですよ」。それらの物語に耳を傾けるのはとても特別な体験でした。信じるべきこと，そしてそれを信じる理由も見つからないまま，彼らは混沌の中を前へ進んだのです。

彼らが歩んだ真実への道は多様なものでしたが，自らの意識改革を振り返る彼らはみな，恥じたり挫折を感じたりせず，誇りに輝いていました。また，彼らが信じた人物や価値を見出した事柄が，真実を見つけ，それを携えて生きていく助けとなっていました。そんな物語に触れたとき，私は心の中の秘密の部屋へと案内されたような感動さえ覚えました。

そして私は，テレビをつければ飛び込んでくる世論の風潮に落胆を感じずにはいられませんでした。意識改革が闘いであるかのように，ひどいときはエンターテインメントのように扱われています。合理的とはただ口論に強いことだと都合よく解釈しているのです。多くの不合理に囲まれていれば，そう考える方が居心地がよいでしょう。しかし，合理性の説明としては哲学に乏しく，それを最も必要とする脆弱で私的な瞬間に当てはまりません。今，若かりし頃のディベートを振り返ってみると，合理性の意味合いに対する知的義務，またお互いに対する責務を放棄していたと感じます。

本書で取り上げた多くの問いには，まだ答えが見つかっていません。しかし，ピーターの物語が示すように，それぞれの物語が，より大きく複雑な世界の縮図であると感じます。合理性そのものが，改革したい意識と同じく，厄介で，複雑で，現実に深く根ざしているのかもしれません。

謝辞

私を信じ，身の上話を打ち明けてくれたディラン，ミッシー，アレックス，ニコル，そして仮名で登場してくれたピーターとスージーに心から感謝いたします。彼らの強さ，豊かな機知，そして前向きな姿勢が，少しでも伝わればと願っています。

ニューサウス・パブリッシング社のエルスペス・メンジーズをはじめ，スタッフの皆さんは，意識改革を何度も繰り返す私に辛抱強くつき合ってくれました。お礼申し上げます。

また，ザ・サイエンス・ファクトリーのエージェント，ジェフ・シュリーヴとピーター・タラックは，何度も熱心に原稿に目を通し，私の執筆活動を支えてくれました。感謝します。

そして，素晴らしい洞察力と素早さで編集作業を進めてくれたエマ・ドライヴァーにもお礼を申し上げます。

私のよき師であるキャロライン・ウェスト，ケイト・マン，スーザン・ブリソンの研究は，私の「哲学とは何か」という疑問に答えをくれました。また，トム・ドハーティは哲学のあらゆる価値を教えてくれました。私が間違ったことを言ったとすれば，それはドハーティ准教授の話を聞き洩らしていたということです。

プリンストン大学，シドニー大学，ピッツバーグ大学の大学院生は，私の相談役として，ときに意見を戦わせてくれました。とくにブレット・カーランの尽力に感謝いたします。

アダム・マディガンは大量の差し入れを持参し，「これで本が書けたら感謝してください」と言いました。アダム，ありがとう。テス・ライアン，エマヌエル・ドッツィ，ダン・ディクソン，ダニエル・ケニーにも感謝いたします。あなたたちがいなければ，人生はつまらないものになっていたでしょうし，この本も満足に書けなかったでしょう。

ネッド・ハウエル＝ウィテカーにはどれだけお礼を言っても言い足りませ

ん。私が人生で，そして哲学において見逃していた機微や美しさを教えてくれました。あなたの手による意識改革は，私の一生の宝物です。

　最後に，父マイケルと母クレアに感謝を。両親は夕食の席で，幼い私が到底ついていけないような議論を繰り広げ，祖母をやきもきさせました。二人は私にインスピレーションを与えてくれる師であり，心の広い読者でもあります。両親の支えがなければこの本も書けませんでしたし，これまでに行ってきたさまざまな活動もやり遂げられなかったでしょう。ここに感謝の意を表します。

▍著者

エレノア・ゴードン=スミス／ Eleanor Gordon-Smith

哲学者，ラジオ番組プロデューサー。プリンストン大学大学院哲学研究科修了。哲学博士。専門とする倫理学の世界に身をおきつつ，日常生活の混沌を生きている。学生時代は競技ディベートに青春を捧げた。現在の主な活動は，アメリカのラジオ番組『これがアメリカン・ライフだ』とオーストラリアのラジオ番組『フィロソファーズ・ゾーン』への出演，オーストラリアの日刊紙『オーストラリアン』と『シドニー・モーニング・ヘラルド』や文芸誌『ミアンジン』への寄稿など。

▍監訳者

高橋昌一郎／たかはし・しょういちろう

國學院大學文学部教授。専門は，論理学・科学哲学。ミシガン大学大学院哲学研究科修了。著書に『理性の限界』『知性の限界』『感性の限界』『フォン・ノイマンの哲学』『ゲーデルの哲学』『20世紀論争史』『自己分析論』『反オカルト論』『愛の論理学』『東大生の論理』『小林秀雄の哲学』『哲学ディベート』『ノイマン・ゲーデル・チューリング』『科学哲学のすすめ』など多数。情報文化研究所所長，JAPAN SKEPTICS副会長。

▍訳者

喜多直子／きた・なおこ

和歌山県生まれ。京都外国語大学卒業後、英会話講師、企業内通訳などを経て翻訳者に。訳書に『アレックス・ファーガソン　人を動かす』『レアル・マドリードの流儀』『カート・コバーン：オフィシャル・ドキュメンタリー』『恐竜と古代の生き物図鑑』『サファリ』『名画のなかの猫』などがある。

合理性を
捨てれば
人生が
楽になる

マインドチェンジに成功した
6つの話

2021年7月15日発行

著者　エレノア・ゴードン=スミス
監訳者　高橋昌一郎
訳者　喜多直子
翻訳協力　株式会社トランネット
https://www.trannet.co.jp
編集協力　松川琢哉
編集　道地恵介，目黒真弥子
表紙デザイン　岩本陽一
発行者　高森康雄
発行所　株式会社 ニュートンプレス
〒112-0012　東京都文京区大塚 3-11-6
https://www.newtonpress.co.jp

ISBN 978-4-315-52400-0